INVENTAIRE

DES

MEUBLES ET EFFETS

EXISTANT DANS LE

CHATEAU DE JARNAC

EN 1668

D'APRÈS L'ORIGINAL DES ARCHIVES DE LA CHARENTE

AVEC DEUX HÉLIOGRAVURES

PUBLIÉ ET ANNOTÉ

PAR

ÉMILE BIAIS

ARCHIVISTE DE LA VILLE D'ANGOULÊME
CORRESPONDANT DU MINISTÈRE DES BEAUX-ARTS
ETC.

ANGOULÊME
IMPRIMERIE G. CHASSEIGNAC
REMPART DESAIX, 26

M DCCC XC

DU MÊME AUTEUR :

(Suite.)

Inventaire-Sommaire des Archives communales antérieures à 1790 de la Ville d'Angoulême.

M. le Comte de Jarnac et son château (XVIIIe–XIXe siècles), d'après des documents inédits, avec plan autographié.

Des Statues équestres sculptées aux façades de certaines églises romanes (avec deux gravures).

Catalogue du Musée archéologique d'Angoulême.

Catalogue du Musée de Peinture et de Sculpture d'Angoulême.

Les Grands Amateurs Angoumoisins (XVe–XVIIIe siècles), avec trois héliogravures.

Relation de la défaite des Anglois dans l'Ile de Ré, en 1627, par les troupes de S. M. que Mgr le mareschal de Schomberg commandait.

Journal militaire du chevalier de Luchet, officier au régiment de Beauvoisis (1742–1761).

SOUS PRESSE :

Les Artistes Angoumoisins depuis la Renaissance jusqu'à la fin du XVIIIe siècle (publié par le Ministère de l'Instruction publique et des Beaux-Arts : compte-rendu de la réunion des Sociétés des Beaux-Arts des départements, 1890).

Les Pineau, *sculpteurs, dessinateurs des bâtiments du Roi, graveurs, architectes* (1652–1886), d'après des documents inédits, avec des renseignements nouveaux sur J. Hardouin-Mansard, les *Prault*, imp.-libr. des fermes du Roi, *Jean-Michel Moreau le jeune*, les *Feuillet*, sculpteur et bibliothécaire, les *Vernet*, etc., publication faite par les soins, avec les caractères et aux frais de la Société des Bibliophiles français, ouvrage illustré de nombreuses reproductions de portraits au pastel et de motifs originaux à la sanguine, à la pierre d'Italie, à la mine de plomb et à la plume. (Paris, Lahure, gr. in–4°.)

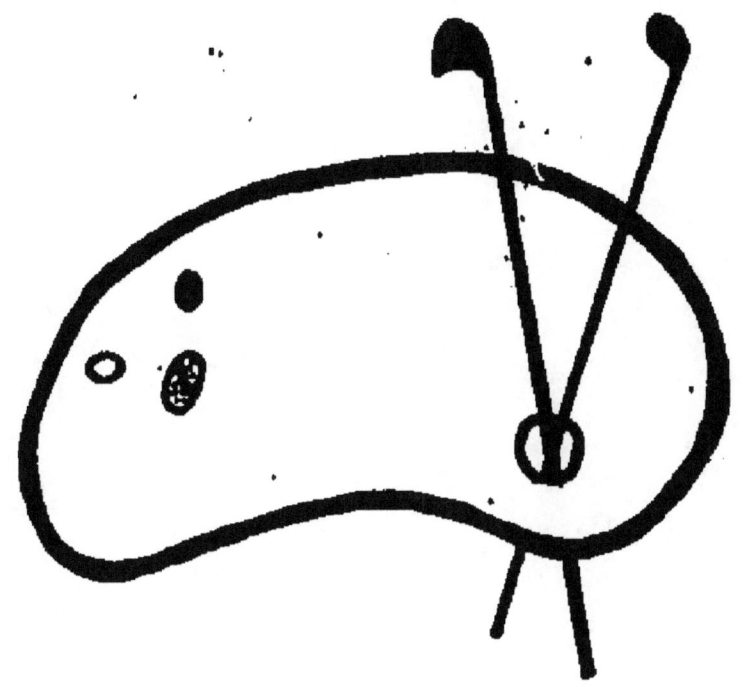

FIN D'UNE SERIE DE DOCUMENTS
EN COULEUR

INVENTAIRE

DES

MEUBLES ET EFFETS

EXISTANT DANS LE

CHATEAU DE JARNAC

EN 1668

Le duc de Rohan
d'après un dessin aux trois crayons
par Daniel Dumonstier
Collection Emile Biais

INVENTAIRE

DES

MEUBLES ET EFFETS

EXISTANT DANS LE

CHATEAU DE JARNAC

EN 1668

D'APRÈS L'ORIGINAL DES ARCHIVES DE LA CHARENTE

AVEC DEUX HÉLIOGRAVURES

PUBLIÉ ET ANNOTÉ

PAR

ÉMILE BIAIS

ARCHIVISTE DE LA VILLE D'ANGOULÊME
CORRESPONDANT DU MINISTÈRE DES BEAUX-ARTS
ETC.

ANGOULÊME

IMPRIMERIE G. CHASSEIGNAC

REMPART DESAIX, 20

M DCCC XC

Extrait du *Bulletin de la Société archéologique et historique de la Charente*, année 1889.

TIRAGE A 112 EXEMPLAIRES

A MONSIEUR

PAUL DE FLEURY

ARCHIVISTE DE LA CHARENTE

PRÉSIDENT DE LA SOCIÉTÉ ARCHÉOLOGIQUE ET HISTORIQUE

DE CE DÉPARTEMENT

C'EST à vous que je dois de publier ce document, d'un intérêt certain pour l'histoire provinciale d'Angoumois.

Après votre publication de l' « INVENTAIRE DES MEUBLES EXISTANT DANS LES CHATEAUX DE LA ROCHEFOUCAULD, DE VERTEUIL ET DE LA TERNE (1728) », vous pouviez produire cet autre inventaire, mais vous me l'avez abandonné avec une bonne grâce parfaite; vous avez pensé que cette pièce devait être présentée par l'auteur de diverses études sur la seigneurie de Jarnac : je me complais à vous en renouveler mes remerciements.

Dans le monde des publicistes, où vous occupez une place distinguée, si de tels procédés sont assez rares, nous pouvons dire qu'ils vous sont habituels, Monsieur et cher Président, car vous êtes du petit nombre de ces érudits qui sont appréciés — même de leurs confrères.

Émile Biais.

AVERTISSEMENT

Dame Catherine de La Rochebeaucourt, comtesse de Jarnac, veuve de messire Louis Chabot, chevalier, seigneur de Jarnac et autres lieux (1), gravement malade, dicta son testament, dans un esprit de haute sagesse et de profonde raison, le 22 janvier 1668, à maitre Pierre Filhou, notaire royal héréditaire, demeu-

---

(1) En janvier 1648, Louis Chabot épousa demoiselle Catherine de La Rochebeaucourt *(passim)*.

Le contrat dudit mariage fut fait par Tournier, notaire royal à Saintes, à la date du 27 janvier 1648.

Fille de Jean de La Rochebeaucourt, seigneur de Sousbran, lieutenant pour le Roi en la ville d'Angoulême, et de Jeanne de Gallard de Béarn, damoiselle Catherine de La Rochebeaucourt, très répandue dans le monde angoumoisin, a signé au bas de nombreux actes de mariages et surtout de baptêmes. Voici, à titre de renseignements, trois extraits des registres paroissiaux de l'église Saint-Antonin qui portent son nom : Baptême « dans la chapelle du château du Roy, d'Angoulesme », de Robert Delamon, fils de Robert Delamon, chevalier, enseigne de la première compagnie des Gardes du Corps du Roy, etc., et de dame Marie Renet; parrain : M. Nerins (?) de Seton, exempt des Gardes du Roy, et marraine : « damoyzelle Catherine de La Rochebeaucourt ». (12 novembre 1635.) — Baptême de Catherine de Livenne, fille de Loys de Livenne, sieur de Boismort, et de Jehane Martin; parrain : Jehan de Montalembert, écuyer, sieur du Plessis, et marraine : demoiselle Catherine de La Rochebeaucourt. (22 novembre

rant à Angoulême (1). Le lendemain, le même notaire dressa, sur la demande de la comtesse, « inventaire des meubles et effectz de la succession dudit feu seigneur comte de Jarnac, son mari, et des siens ».

Environ trois mois et demi après, la dame comtesse de Jarnac mourut, et, le 7 mai de la même année (1668), ledit maître Filhon, mandé exprès, procéda au récolement (2) du susdit inventaire, sur la requête de messire Guy-Charles Chabot, chevalier, seigneur abbé de Jarnac, tuteur et curateur honoraire des enfants mineurs de la dame comtesse de Jarnac.

Cet inventaire a été fait avec beaucoup de soin et de précision, comme la plupart des pièces similaires. Un grand nombre de ses articles causeront des regrets aux amateurs de belles choses ou piqueront leur curiosité; quelques-uns feront sourire; l'ensemble fournira des renseignements positifs et intéressants pour l'étude de la vie domestique des châtelains au XVIIe siècle (3).

1635.) — Baptême de Jacques, fils de Jacques de Montalembert de Sers; parrain : Jacques du Perron, évêque d'Angoulême, et marraine : demoiselle Catherine de La Rochebeaucourt. (5 juin 1644.) (Reg. par. de Saint-Antonin.)

Il n'y a pas trace du mariage du comte de Jarnac avec demoiselle Catherine de La Rochebeaucourt dans les registres et cahiers paroissiaux d'Angoulême; il est probable que ce mariage fut célébré dans une chapelle privée, mais, dans ce cas, le curé d'une paroisse de cette ville l'aurait enregistré; or, nous n'avons pu trouver cet acte-là. La bénédiction nuptiale leur fut peut-être donnée à La Rochebeaucourt.

Le 4 avril 1633, « messire Jean Galard de Béarn, comte de Brassac, seigneur de La Rochebeaucourt et autres places, gouverneur d'Angoumois et de Saintonge, ville et château d'Angoulême, fit son entrée en ladite ville et prit possession du gouvernement. » (Reg. Mémorial C. — AA. C. *Archives com. d'Angoulême.*)

(1) Ce testament est publié à la suite de l'inventaire ci-après.
(2) Ce récolement est aussi rapporté.
(3) Jarnac était bien le lieu de résidence dudit seigneur Louis Chabot, comte de Jarnac, fils de Guy Chabot, « demeurant au château de Jarnac, pays d'Angoumois ». (Jal : *Dictionnaire critique de Biographie et d'Histoire,* art. Chabot : acte notarié, 1647.)

Accueillis toujours avec attention par les gens d'étude, de tels documents sont précieux pour l'histoire de la société à travers les âges : ils ouvrent un aperçu large et lumineux sur le monde qui, jadis, était là. On pénètre ainsi dans la maison héréditaire de ceux que, cent ans plus tôt, Nicolas Rapin eût qualifiés « gentilshommes champestres » (1); on les surprend dans la réalité flagrante de leur train d'existence, prévoyants d'ordinaire, menant la vie douce, facile, au fond d'une province retirée mais productive, qui subissait à de longs intervalles et très faiblement l'impulsion de la Cour et de la Ville; on suit les transformations imposées par le temps à leurs manoirs féodaux, ordonnancés à la moderne, suivant la loi de l'inévitable mode, et l'on porte un diagnostic certain sur leurs goûts et sur leur manière de vivre.

Possesseurs en fiefs de domaines très étendus, ils savaient et compter et supputer les chances des récoltes; ils connaissaient l'ordre et l'économie même excessive. Le rôle d'administrateur de ses biens ne paraissait pas à ces personnages indigne d'un « haut et puissant seigneur »; et, tandis que le paysan, méconnaissant son bonheur (2), cultivait ses quelques perches d'une terre généreuse, le seigneur de Jarnac, entre autres, aimait les affaires de son terrier, s'en mêlant avec adresse et entente.

On croit, en général, que les châteaux particuliers étaient richement meublés, et l'on s'imagine qu'au

---

(1) « *Les Plaisirs du Gentilhomme champestre...*, par N. R. P. (Nicolas Rapin, Poitevin). Paris, veuve Lucas Brayer, 1583 », petit in-12 de 36 feuillets. Une réimpression de ce poème a été donnée par Benjamin Fillon. Paris, J. Techener, 1853.

(2)   « *O fortunatos nimium, sua si bona norint,*
    « *Agricolas !*................................ »
                         (Virgile, *Géorgiques*, liv. II.)

XVIIe siècle, et au XVIIIe surtout, ils se trouvaient ornés à l'instar de Versailles, de Louveciennes et de Marly ; c'est là une erreur persistante, due certainement aux romans de cape et d'épée. Aux seuls grands seigneurs et notamment aux fermiers généraux de puissante envergure les « habitations de campagne », les « pavillons » dressés par les architectes en renom et décorés par des artistes réputés ; mais dans notre province d'Angoumois les « matadors » (1) de la finance ne résidaient pas, et, à part un petit groupe d'héritiers de haute race, le sol appartenait à une foule de maigrelets personnages du Corps-de-Ville (2) qui vivaient chichement, — après avoir payé plus ou moins leurs « lettres de nobilitation », quand le Roi (l'État) avait besoin d'argent.

Les Archives départementales (pour ne citer que celles-là) comprennent de très nombreux inventaires notariés, de différentes époques, témoins irrécusables qui s'inscrivent en faux contre des descriptions fantaisistes et les annihilent. Ils prouvent que les « privilégiés » de l'ancien régime, restés ou retirés dans leurs terres, menaient, comme nous l'avons déjà constaté, un train d'existence moins opulent qu'on se le figure volontiers ; — qu'ils dirigeaient leur maison « en bons pères de famille » et n'étalaient qu'un luxe relatif, — suffisant toutefois pour émerveiller les braves gens d'alentour et alimenter les chroniques populaires (3), faites, le plus souvent, d'exagérations et de malignité.

(1) *Vie privée de Louis XV*, Londres, 1783.
(2) V. *Mémoire sur l'Angoumois*, par Jean Gervais, lieutenant-criminel au présidial d'Angoulême (1668-1733) : art. Noblesse d'Angoumois.
(3) Les liasses considérables des procès-verbaux d'inventaires et de vente des biens d'émigrés (1793) que j'ai dépouillées aux Archives départementales de la Charente m'autorisent à parler ainsi.

Mais les résidences seigneuriales de La Rochefoucauld, de Verteuil (1), de Jarnac, et sans doute de Bouteville, faisaient exception en Angoumois et tranchaient superbement sur l'ensemble des gentilhommières de ce pays. La seigneurie de Jarnac y occupait une première place (2). Son château contenait le mobilier de ses suzerains et celui provenant de la succession de leurs alliés; il possédait ainsi des objets de prix dont l'inventaire suivant donne l'énumération intermittente, — ce qui rompt la régulière monotonie d'un tel dénombrement.

(1) Voir « *Inventaire des meubles existant dans les châteaux de La Rochefoucauld, de Verteuil et de La Terne en 1728* », publié avec deux gravures et deux héliogravures, par P. de Fleury. Angoulême, 1886.

(2) Au commencement du XVIIIe siècle, le lieutenant-criminel Jean Gervais écrivait : « La terre de Jarnac comprend seize paroisses ou enclaves, presque toutes de grande étendue et généralement situées dans un très bon pays, le long du cours de la Charente ou à portée de ses ports; elle vaut 25,000 livres de revenu.

« La petite ville de Jarnac contient 300 feux. Les habitans sont, en grande partie, des bourgeois et gros marchands, que le commerce des vins et des eaux-de-vie, des sels et autres choses a rendus fort aisés; ils sont presque tous religionnaires et assez difficiles à ramener.

« Il y a peu de provinces, en France, d'une aussi petite étendue, dans lesquelles il se trouve d'aussi grandes maisons, et dont un aussi grand nombre de seigneurs tirent leur origine.

« *Le château de Jarnac est une des plus grandes maisons de cette province et la mieux tenue;* il est dans une très heureuse situation, sur la Charente, qui la baigne, et a de fort belles issues. On voit sur le sommet du donjon la figure en plomb du combat fait en présence de Henri II, en 1547, entre les seigneurs de Jarnac et de La Châtaigneraie. » (*Mémoires sur l'Angoumois*, par J. Gervais, lieutenant-criminel au présidial d'Angoulême, publiés par G. B. de Rencogne. Paris, Aug. Bry. M. DCCC. LXIV, in-8º.)

Sur une des six tours, d'inégale hauteur, il y avait cette figure en plomb de « M. de La Châtaigneraye avec une de ses jambes coupées », en mémoire du « coup de Jarnac ». Elle fut abattue en 1793, par ordre du Directoire du district de Jarnac, comme « objet scandaleux à des patriotes ». (V. *M. le Comte de Jarnac et son château, XVIIIe et XIXe siècles*, d'après des documents inédits, par Émile Biais. — Angoulême, 1884, in-8º.)

Ces « meubles » et ces « effets » d'époques et de valeur diverses, conservés sous le même toit, provoquent les réflexions philosophiques de l'observateur : il y trouve un reflet de l'esprit et du caractère des personnes qui les ont réunis ; ils aident singulièrement à retracer la physionomie des vieilles mœurs ; ils sont, pour ainsi dire, les jetons de présence des générations précédentes, dont on se plaît à retrouver les traces et que l'imagination fait revivre.

Comme d'autres choses, le mobilier emprunte à son temps la solidité ou la seule élégance, — la sévérité ou la légèreté ; l'harmonie éclate partout dans ces créations d'un usage soit familier, soit domestique. Les périodes de transition, même celles de la décadence, frappent d'une empreinte caractéristique tout ce qu'elles façonnent ; elles portent dans leur manière de composer, d'inventer ou d'accommoder, un tour de main reconnaissable, et l'on voit dans le style de ces ouvrages non seulement le cachet de l'ouvrier, mais, de plus, le sceau de celui qui les a commandés. Et de même que la composition d'une bibliothèque fait connaître celui qui l'a formée, un mobilier révèle celui qui l'a choisi. Là encore, « le style, c'est l'homme » !

Rien n'est plus aisé à contrôler que cette assertion à partir de ces quatre derniers siècles.

Essayons :

La Renaissance ? — Le style antique renaissait alors avec des accents nouveaux et (l'on commence à le reconnaître) avec une désinvolture originalement française, malgré l'invasion italienne ; la phalange des ciseleurs suivit la Pléiade des poètes.

L'époque Louis XIII ? — La sobriété du style des pièces d'ameublement, leurs formes sévères répondaient à la sévérité officielle, apparente des idées. On les croirait façonnées selon les préceptes de Port-Royal. Elles appartiennent bien à l'ère du jansénisme.

Le « siècle de Louis XIV » ? — Solennel ! Le peintre Charles Le Brun (1), dont il est plus facile de plaisanter la perruque, sa contemporaine, que de nier l'œuvre vraiment considérable, Le Brun — ce Boileau des arts du dessin et de la plastique — partout y affirme son influence autocratique et féconde. C'est le « siècle » du « Roi-Soleil ». Les artistes pensent librement, mais la symétrie dirige leur essor et discipline leur esprit. L'ordonnance pompeuse est chargée de tous les plans et projets : depuis le passage du Rhin par les armées du Roi, jusqu'aux admirables sertissures des chefs-d'œuvre de Boulle.

La Régence ? — Sorte d'interrègne, durant lequel Nicolas Pineau, sculpteur ornemaniste d'une supériorité évidente (2), inventa le « contraste dans les ornements ». N'y avait-il pas aussi « contraste » entre cette cour viveuse et sceptique et la cour prude, sèche, faite ermite, de Mme de Maintenon (3), qui venait de disparaître ? Watteau succède à Le Brun !...

Le règne de Louis XV ? — Saison charmante des petits maîtres de l'Art et du fracas des étoffes ; prin-

(1) Voir le maître livre de M. Henry Jouin, lauréat de l'Institut : « *Charles Le Brun et les Arts sous Louis XIV*, le Premier Peintre, sa vie, son œuvre, ses écrits, ses contemporains, son influence ». Imp. nationale, 1889.

(2) Les meubles dessinés par cet artiste de premier ordre sont des modèles de délicatesse et de goût parfait. — V. Émile Biais : LES PINEAU, sculpteurs ornemanistes, dessinateurs des bâtiments du Roi, graveurs, architectes (1652-1886), d'après des documents inédits, avec des renseignements nouveaux sur *J. Hardouin-Mansard*, les *Prault*, imprimeurs-libraires des fermes du Roi, *Jean-Michel Moreau le jeune*, les *Feuillet*, sculpteur et bibliothécaire, les *Vernet*, etc., édition illustrée des Bibliophiles français. (Paris, Lahure, 1890, grand in-4°.)

(3) Mme de Maintenon écrivait : « La magnificence est la passion des dupes. » (*Lettre* XLIV.) Quand il la connut, Louis XIV était moins... magnifique.

temps prolongé, excessif des chutes de roses, des
« jolités » pimpantes. Une femme — d'esprit, après
tout, — Mme de Pompadour, régenta le goût pendant
ses longues heures de triomphe ; mais les imitateurs
de Nicolas Pineau exagérèrent ses « inventions » et
produisirent des ouvrages où l'enflure, la bouffissure
remplacèrent la facture exquise du maître.

Un mot seulement du mobilier Louis XVI, de style
plus sobre, aux formes amenuisées, gracieuses, parfois
simples ; temps de la passion du champêtre rectifié
(champêtre à l'usage des gens du monde), de l'idylle
florianesque, des berquinades innocentes, mais aussi
des vipères embusquées sous les fleurs ; jours rapides
d'insouciance où Versailles croyait à « l'universelle
paix » de M. de Saint-Pierre !...

Ensuite la période révolutionnaire avec ses réminiscences du ci-devant genre et ses souvenirs de la campagne d'Égypte exprimés par des figures de sphynx.

Puis le style « premier Empire », dont David fut le législateur sur l'invitation du Grand-Capitaine. Le meuble devint massif et somptueux ; l'aigle impériale domina les frontons : la Gaule prit sa revanche de l'ancienne Rome.

Pendant le gouvernement de Louis-Philippe, le meuble se montra moins balourd que sous Louis XVIII et sous Charles X ; ce fut le triomphe de l'acajou. Le glorieux romantisme s'épanouit : le meuble affecta des airs gothiques.

Enfin, depuis une quarantaine d'années, durant cette période inconstante, d'allure dissemblable, rien, ni dans l'architecture, ni dans le mobilier, ne révèle un style personnel, de caractère propre : il est fait d'emprunts, de pastiches merveilleusement réussis et qui sont la gloire de l'ébénisterie française de notre temps. Néanmoins, sans jouer au contempteur de ce temps-là, il est permis de dire que l'on recrute beaucoup pour l'apparence : le luxe est criard, tout d'ostentation, avec un goût pareil ; et pour l'amateur éclairé, c'est grand'-pitié que de voir cet entassement de bahuts et de crédences, effrontément attribués aux maîtres ciseleurs de la Renaissance, à côté de sièges d'un archaïsme... moderne, de cuivres *repoussés* de tous les connaisseurs, bibelots fabriqués à la grosse, pour la plus grande joie des naïfs, et qui donnent bien l'idée de la banqueroute intellectuelle d'une certaine catégorie d'individus. (Il s'agit, bien entendu, des milieux où la prétention ne s'appuie ni sur l'atticisme de l'esprit, ni sur la finesse du coup d'œil, ni, surtout, sur la solidité du jugement.)

Mais c'est nous éloigner par trop du château de Jarnac tel que l'expose l'inventaire de ses « meubles et effets », en plein XVII° siècle. On y voyait, non pas relégués aux greniers, jugés disparates et surannés, mais dans des « chambres », des objets provenant des anciens seigneurs de céans. C'était un hommage évident rendu à leur mémoire. On y gardait avec soin des « chaires » où les ancêtres siégeaient et d'où leur parole partait comme d'un trône : *ex cathedrâ*. Le plus fier baron qui a passé par là a voulu que les vieux meubles restassent pour perpétuer la présence de ses pères. On voit la scène d'ici : c'est la mise au point d'un tableau d'intérieur, — fini par un peintre flamand ou brossé par le maître Chardin.

On avait alors le culte discret du souvenir, on respectait ce qui est entre tout respectable : la famille ; la famille, elle, conservait pieusement ce qui rappelait ses chefs... Ce qui laisse entendre que les vieilles mœurs ne sont guère observées, et la jeune génération (actuelle) traiterait, je le crains, lestement de « vieux jeu » toutes réflexions tendant à le prouver.

A côté de ces objets d'ameublement d'un autre âge, les bahuts ciselés, les cabinets d'Allemagne munis de leur ferronnerie typique, les coffres de France recouverts en peau rehaussée de cuivres, tout remplis de linge : toile de chanvre du terroir et fine toile de beau lin, orgueil des ménagères de tous les degrés et de tous les siècles. Mais la pièce triomphale de cette maison, c'était « un coffre à estuit » (1) où se trouvait sa vaisselle d'argent, qui formait un poids total de 423 marcs 3 onces 1/2, correspondant à environ 105 kilogrammes.

Une amusante mention de pièces de tapisseries prouve que l'on regardait à la dépense : dans ces pièces de « tapisseryes de sarge noire... a esté fait des habiz pour les serviteurs de la maison » (2). Cette méthode d'accoutrement des valets était à signaler; il est vrai qu'il s'agissait d'habits de deuil, ce qui peut en expliquer l'emploi à la campagne.

L'article comprenant les chevaux et les carrosses n'est pas sans quelque intérêt; l'énumération en est détaillée d'une façon fort pittoresque. Il en est de même depuis les étoffes de gala jusqu'aux affûtiaux de la moindre valeur.

Il a paru à propos d'accompagner cet inventaire d'une vue du château de Jarnac d'après une peinture exécutée vers le dernier quart du XVIIIe siècle. Cette peinture, sur panneau de bois, appartient à M. Hine; elle a été

---

(1) V. n° 332 de l'*Inventaire*. — Suivant le tableau dressé par Le Blanc (*), à partir du 18 novembre 1641 au 10 avril 1679, le marc d'argent à 11 deniers de fin valait 26ᵗᵗ 10 sols. L'argent de vaisselle était à 11 deniers 12 grains, avec 2 grains de « remède ». *Remède :* adoucissement pour les soudures. On poinçonnait à 11 deniers 10 grains. (Je dois ces renseignements à l'obligeance d'un célèbre amateur d'argenterie ancienne, M. le baron Jérôme Pichon, président de la Société des Bibliophiles français, dont le haut savoir et les riches collections sont consultés chaque jour par nombre de gens d'étude et par des curieux de tous pays.)

(2) V. Récolement.

(*) Le Blanc : *Traité des monnoyes de France...* 1690, in-4°. Cet ouvrage fait autorité en telle question.

photographiée par les soins de mon excellent confrère M. Philippe Delamain, le chercheur fortuné dont les découvertes de bijoux mérovingiens sont de véritables trouvailles. M. Philippe Delamain a bien voulu mettre ses épreuves photographiques à ma disposition, avec l'assentiment de M. Hine, ce qui a permis à M. Paul Mourrier, dont le jeune talent s'affirme chaque jour, de nous donner le dessin très exact qui est ici reproduit.

Je remercie donc mes deux confrères de l'aimable concours qu'ils m'ont prêté pour cette publication.

On a estimé opportun aussi de mettre à cette place un portrait fidèle du fameux duc Henri de Rohan, dont la fille agrandit et « dora le blason » des seigneurs de Jarnac. L'original de ce portrait héliogravé provient de l'ancienne collection du comte de Jarnac (1); il m'appartient aujourd'hui. C'est un dessin aux trois crayons, grandeur naturelle; on y lit à gauche cette inscription à la plume : « *M. le duc de Rohan,* » et à

---

(1) V. *M. le Comte de Jarnac et son château* (XVIIIe et XIXe siècles).
Voici le *portrait* que Bouffard-Madiane a tracé du duc de Rohan (*) :
« ... d'une moyenne taille, fort droit, bien proportionné en tous ses membres, plus brun que blanc, des yeux vifs et perçants, nez aquilin chauve, fort dispos, agile et adroit aux exercices jusqu'à la danse, bien que négligée par ceux de la religion... »
Le portrait du duc de Rohan, dont nous donnons la reproduction, a 0^m 44 de hauteur, sur 0^m 34 1/2 de largeur.
A la vente d'une partie de la collection de M. le comte Jacques de La Béraudière (16 avril 1883, hôtel Drouot), un portrait de la duchesse de Rohan, par Daniel Dumonstiers, a été adjugé moyennant 750 fr. La dame est figurée en buste de trois quarts, à gauche, les cheveux bouclés; elle porte un collier de perles. Ce dessin aux trois crayons est chargé de l'inscription suivante : « *Marie de Béthune, duchesse de Rohan.* » Hauteur, 0^m40; largeur, 0^m31. « *Le maréchal de Guébriant* », également par D. Dumonstiers, fit partie de la même vente (1,200 fr.).
— (V. Paul Eudel: *L'Hôtel Drouot et la Curiosité en 1883.*)

(*) *Mémoires* (inédits). Extrait de « *La France protestante* », par MM. Eug. et Em. Haag. (Paris, Cherbuliez, 1857.)

droite, au crayon noir : « Faict, ce 4 novembre 1634, pour et par D. Dumonstiers. »

Il existe aux Archives départementales de la Charente un autre inventaire d'une époque ultérieure : l' « inventaire de la vente des meubles, cloisons et autres du château de Jarnac, le 12 germinal An 2º ».

Le château fut alors vidé; il n'en resta que la carcasse : lambris, portes, fenêtres, planchers, toutes « les boizeries et menuizeries » furent adjugées au plus offrant; les carreaux de faïence et les pavés de terre non vernissée subirent le même sort. Les acquéreurs ne se pressèrent pas; la vente se prolongea.

En 1704, le 16 juillet, suivant un document que m'a gracieusement communiqué M. Philippe Delamain, le grand-père de mon honorable confrère acheta plusieurs objets mobiliers (1), notamment une « *table en marbre* : 41^{tt} 10^s ».

(1) Parmi les personnes qui possèdent des meubles provenant sûrement du château de Jarnac, il convient de nommer M. Marc Bouraud : notre honorable confrère nous a montré des sièges de diverses formes et des bahuts d'une belle tournure, en parfait état de conservation.
— Au XVIII siècle, le comte de Jarnac avait une maison à Angoulême; en voici la preuve :
1744. « Le 20 septembre 1744 est décédé dans cette paroisse, *en la maison de M. le comte de Jarnac*, et a été enterré dans l'église des Jacobins de cette ville, M. Estienne-Adrien Chernde, chevalier, seigneur comte de Montbron, La Rochandry et autres lieux, conseiller du Roy, lieutenant général en la sénéchaussée et siège présidial d'Angoumois, âgé d'environ 53 ans. » (Reg. par. de Saint-Paul.)
A titre de renseignement sur des descendants de cette maison, qui a tenu une place importante dans notre province, nous reproduisons un extrait d'une correspondance adressée de Londres au journal *le Soleil*, numéro du 25 mars 1887 :
« Londres, 24 mars 1887.
« Dans l'après-midi d'hier est morte à Brighton la comtesse de Jarnac, seconde fille de lord Foley. L'honorable Geraldine-Augusta, née en 1809, avait épousé en 1844 Philippe-Ferdinand-Auguste de Rohan-Chabot, comte de Jarnac. Celui-ci est mort ambassadeur de France à Londres en 1875. »

— 15 —

Cette « table en marbre » est présumée celle sur laquelle fut exposé le corps du prince de Condé, tué à la célèbre bataille dite de Jarnac, en 1569. J'écris *présumée*, attendu qu'aucune preuve n'a encore été fournie sur ce point par les publicistes qui ont commis cette légende, et que, d'ailleurs, le profil de ladite table et le choix de son marbre (rouge royal?) me paraissent d'une époque plus rapprochée : du XVIIe siècle (1).

Je soumets cette petite remarque à qui de droit : aux érudits.

(1) Voici les dimensions de cette table, que M. Georges Hine a bien voulu me permettre de relever : longueur, 1m 80; largeur, 0m 92; épaisseur, 0m 08. On remarquera que l'inventaire suivant, très détaillé, n'en fait pas mention.
— V. *Histoire des princes de Condé*, par M. le duc d'Aumale (1864), t. II. (Bataille de Jarnac; — effet produit par la mort de Condé; — traitement fait à ses dépouilles.) — Dans cette *Histoire*, justement célèbre, il n'est pas parlé non plus de « cette table en marbre », — et pour cause. L'historien des princes de Condé rappelle que le cadavre du « grand ennemy de la messe » fut déposé dans une salle basse; or, au XVIe siècle, une telle salle du château de Jarnac ne devait pas posséder de « table en marbre »; enfin, les dépouilles de l'infortuné prince, livrées aux insultes des soudards et des fanatiques, n'ont certainement pas reçu les honneurs d'un tel lit de parade.

LE CHATEAU DE JARNAC
REPRODUIT D'APRÈS UNE PEINTURE DU XVIII° SIÈCLE.

P. Monvrier delin.

Collect. Hino.

INVENTAIRE
des
MEUBLES ET EFFETS
existant dans le
CHATEAU DE JARNAC
en 1668

Du 23 Janvier 1668.

INVENTAIRE

Jarnac.

AUJOURDHUY vingt troisiesme janvier 1668, par devant moy no^{re} royal en Ang^{mois} soubsigné, estant en la ville de Jarnac, a comparu M° Hélie Rangeard, senéchal et juge dud. Jarnac, lequel, comme ayant charge de haulte et puissante dame Catherine de Larochebeaucourt, vefve de hault et puissant m^{re} Louis Chabot, chevallier, seigneur comte de Jarnac, Marouast, Grésignac, marquis de Sousbran, Clion, Sommersac, Semillac et aultres places, conseiller du Roy en son conseil, mareschal de ses camps et armées, m'a requis voulloir me transporter au chasteau dud. Jarnac, à l'effect de faire inventaire des meubles et effectz de la succession dud. feu seigneur comte de Jarnac, son mary, et des siens, ce que je luy ay accordé : où estant en la chambre où lad. dame fait sa demeure, icelle estant au lit, à cauze de son indispozition, elle a requis de voulloir presantement procedder aud. inventaire, et declaré n'estre point besoing de prendre d'apréciations, attendu qu'elle ne fait faire led. inventaire que pour conserver lesdictz meubles et effectz à messire Guy Henry Chabot, chevallier, seigneur comte de Jarnac, son fils aisné, auquel ilz appartiennent comme principal héritier dud. feu seigneur comte de Jarnac et d'elle, suivant le testament mutuel par eux fait, le vingt troisiesme septembre 1605, reçu..., no^{re} royal, et du condicille de lad. dame du jour d'hier, reçu mesme no^{re} que ces présantes, auquel inventaire avons procoddé en présance de m^{re} François Chabot, chevallier de Jarnac, beau frère de lad. dame, ainsy que s'ensuit :

Premièrement :

Estant en la chambre de lad. dame comtesse de Jarnac, appelée *la Chambre des griffons*, avons trouvé :

1. Une pettite table de bois de nouhier sur quatre collonnes torses paintes en noir, et un guéridon de mesme bois et façon.
2. Plus un petit cabinet d'Allemaigne fait avecq des tiroirs.
3. Plus un chalit de bois de nouhier, sur lequel il y a un lit de plumes avecq son traversin et un matellas de layne couvert de futayne d'un costé, et de l'autre de toille de chanvre, le tout presque neuf, et deux autres petis matellas dessoubs ledit lit, la garniture dud. lit estant de sarge noire faite à housse, avecq deux couvertes de layne, avecq deux linceulx de toille de chanvre fort déliés.
4. Plus un fauteuilh garny de pleume écoytis, avecq sa housse de sarge noire.
5. Plus un autre petit fauteuilh de la mesme façon, sans housse.
6. Plus deux petis sièges plians, avecq leurs housses de sarge noire.
7. Plus cinq vieilles pièces de tapisseries de haulte lisse, où les *Sibilles* sont représantées.
8. Et dans la chambre quy est joignant celle de lad. dame, séparée par un méan *(sic)* de table, avons trouvé une petitte table de bois de nouhier, my uzée.

9. Plus un chalit de mesme bois, my neuf, sur lequel s'est trouvé un lit de plume avecq son traversier, le coytis ouvré, my uzé, et un aultre petit lit sans traversier, fort uzé, avecq un matellac de layne couvert de futayne d'un costé, et de toille de chanvre de l'aultre, fort vieux, deux linceulx de toille de chanvre, my usés, deux couvertes de layne blanche, l'une presque nefve et l'aultre fort petite, vieille et uzée, avecq la garniture dudict lit de sarge vert brun, doublée de taffetas, le tout fort vieux et uzé, le siel dudict lit de mesme façon et estoffe, avecq sa paillasse.
10. Plus un petit cabinet de bois de nouhier, fort bas, vieux et antique, fermant à doux pands, avecq une serrure seullemant.
11. Plus un vieux behu fort uzé et rompu.
12. Plus cinq petittes chesses garnyes de coëtis, avecq leurs housses de sarge rouge, fort uzées.
13. Plus deux faulteuils et deux meschantes chaisres, sans housses.
14. Plus deux gros et grands chaisnaix garnys de cuivre, avecq une petitte plaque de fert servant de garde fouyer.
15. Plus cinq pièces de tapisseryes de Belgame, fort vieilles et uzées.
16. Et de lad. chambre nous nous sommes transportés dans la grande chambre sur la salle y joignant, où nous avons trouvé deux tables carrées de bois de nouhier, sur leurs traictaux, fort vieilles et uzées, avecq deux tapis, un noir et l'autre vert, le tout de sarge.
17. Plus un grand cabinet d'esbeyne, presque neuf, fermant à clef.
18. Plus un grand chaslit de bois de nouhier, presque neuf, sur lequel y a un lit de pleume avecq son traversier de coëtis presque neuf, avecq un matellac de layne, garny de futayne d'un costé, et de toille de l'aultre, my uzé, une couverte de layne blanche, presque neufve; ledit chaslit garny de sa garniture de sarge noire, avecq une couverte bardant, le siel de lit de mesme estoffe, et une paillasse.

10. Plus six chaisres et trois fautouilhs et quatre sièges plians garnys de coëtis et de leurs housses de sarge noire, fort uzées.
20. Plus six pièces de tapisserye de sarge noire, presque noufves.
21. Plus deux petiz chesnez de cuivre et une grande plaque de fert.
22. Plus un lit à buffect, de bois de nouhier.
23. Plus un meschant coffre fait en façon de béhus, fort vieux et uzé.
24. Et de ladite chambre sommes ontrés dans le vestibulle d'ycelle, où nous avons trouvé une table de bois de sappe, sur un trayteau plian.
25. Plus dix chaisses garnyes de tripes de vellours, my uzées.
26. Plus six pièces de tapisseryes de sarge noire, fort uzées.
27. Plus un grand et vieil beüs fermant à clef, dans lequel s'est treuvé une douzaine de serviettes de chanvre, my uzées.
28. Plus quatre douzaines de serviettes de chanvre, neufves.
29. Plus deux douzaines et demye de serviettes de lin, dont il y en a deux douzaines neufves et demye douzaine my uzées.
30. Plus vingt deux douzaines d'aultres serviettes, ouvrées, my neufves.
31. Plus huit napes de toille ouvrée, my neufves.
32. Plus deux nappes de toille de chanvre unyes, neufves, et deux aultres nappes de toille de lin, my uzées.
33. Plus un aultre beüs dans lequel s'est aussy treuvé seize linceulx de chanvre neuf, lequel beüs ferme aveq deux serrures et deux clefs, couvert de cuir.
34. Plus s'est aussy treuvé dans ledit behu deux douzaines de nappes de chanvre, neufves.
35. Plus unze linceulx de toille de Paris, presque neufs.
36. Plus un aultre petit coffre de bois marquetté, fermant à clef, my uzé, dans lequel ne s'est trouvé aulcune choze.
37. Et dudit vestibulle sommes entrés dans la chambre des enfans, où nous avons treuvé une petitte table carrée,

de bois de nouhier, avecq son traicteau de mesme bois.

38. Plus un petit chaslit de bois de nouhier, sur lequel s'est trouvé un lit de pleume avecq son traversier de mesme qualllté, my uzé.

39. Plus un matellac de layne couverte de fustayne d'un costé, et de l'aultre de toille my neufve, avecq une couverte de layne blanche, aussy my neufve, avecq une paillasse ; la garniture duquel lit est de sarge verte, fait à housse.

40. Plus un aultre chaslit de bois de nouhier, sur lequel y a un petit lit de pleume avecq son traversier my neuf, avecq un mathelac de layne, garny de fustaine d'un costé, et de l'aultre de toille, avecq deux petittes couvertes de layne blanche, my neufves ; la garniture duquel lit est de sarge verte, fait à housse, fort uzée.

41. Plus un aultre petit chaslit de mesme bois que les aultres cy dessus, sur lequel s'est trouvé un petit lit de pleume avecq son traversier my neuf, avecq deux couvertes blanches, presque neufves, et une paillasse ; la garniture duquel lit est de sarge verte, faite à housse, my uzée.

42. Plus un aultre petit chaslit de mesme bois, sur lequel y a un lit de pleume avecq son traversier, avecq deux couvertes de layne, l'une blanche et l'autre rouge, avecq sa garniture de mesme estoffe et de la mesme façon que les aultres cy dessus, avecq une petitte paillasse.

43. Plus un autre petit chaslit de mesme bois, sur lequel y a un lit de pleume avecq son traversier my neuf, et un mathelac de layne couvert de fustayne d'un costé, et de l'aultre costé de toille, my neuf, avecq deux couvertes de layne, l'une blanche et l'aultre jaulne ; la garniture duquel lit est à housse et de semblable estoffe que les aultres préceddants. Sur lesquelz liz y a six linceulx de toille de chanvre, my uzés.

44. Plus un petit behu fermant à clef, dans lequel il n'y a que les chemizes et aultres ardres servant à l'uzage de ladite dame.
45. Plus trois chaisses de paille et une chaise de bois, sans garniture.
46. Plus deux petiz chesnaix de fert et une demye plaque de fouyer et une petitte palle de fert.
47. Plus six pièces de tapisserye de haulte lisse, à grands personnages, fort vieilles et uzées, et deschirées en divers endroitz.
48. Plus un petit cabinet de bois de nouhier, fermant à clef, fort vieux et antique, servant à mettre des confitures.
49. Et de ladite chambre sommes entrés en son antichambre, dans laquelle nous avons trouvé une vieille table de bois de nouhier, sur deux traicteaux, fort uzée et pourrye.
50. Plus deux petiz cabinets de bois de nouhier, fermant à clef, dans lequel il ne s'est treuvé aulcune chose.
51. Plus un vieux buffect de bois de sape quy n'a que quatre tirettes.
52. Plus deux petis behus, fort vieux et uzés, fermant à clef, dans lesquels il ne s'est trouvé aulcune chose que le linge servant à l'uzage des petis.
53. Plus un petit coffre de bois de nouhier, fermant à clef, fort vieux et uzé, dans lequel ne s'est trouvé aulcune chose.
54. Plus une petite cuvette de cuivre, fort vieille et uzée.
55. Et de ladite chambre nous sommes transportés dans la grande gallerye quy regarde d'un bout sur la prérye, et de l'autre bout sur la basse cour du chasteau, dans laquelle avons trouvé trois grands vieux coffres d'armoire rompus, deschirés et brizés, dans lesquels il ne s'est trouvé aulcune chose.
56. Plus un petit cabinet de bois de sape, quy a une serrure sans clef, my neuf.
57. Plus une petitte table de bois de sape, sur son traicteau, fort vieille et uzée.

58. Plus un fourneau à pied, de cuivre, servant à distiller de l'eau de rozes (1).
59. Et de laquelle gallerye sommes entrés dans la chambre de la tour, en laquelle ledit seigneur chevallier de Jarnac fait sa demeure, où nous avons trouvé doux petittes tables de bois de sape, avecq deux meschans tapis, l'un vert et l'autre gris, lesquelles ledit seigneur chevallier a desclaré luy en apartenir une.
60. Plus un chaslit de bois de nouhier, sur lequel s'est trouvé un lit de pleumes avecq son traversin, un matellac de laine, deux couvertes de layne blanche, une courtepointe, aultrement couverte, bardante, de sarge verte, avecq le tour et garniture dudit lit de mesme sarge, fait à housse, deux linceux de toille de chanvre et une paillasse, des quelles choses ledit seigneur chevallier a desclaré luy appartenir le chaslit, le matellac, l'une desdites couvertes et la paillasse.
61. Plus deux petiz chaisnaix de fert.
62. Plus trois pièces de vieilles tapisseryes faites à l'antique, deschirées en plusieurs endroiz.
63. Et estant montés au dessus de ladite chambre, s'est trouvé un petit chaslit couchette, sur lequel il y a un lit de pleume avecq son traversin, une paillasse, deux linceux de grosse toille, neufz, et une meschante couverte de layne blanche, fort uzée et deschirée.
64. Plus un pair d'armoires de bois de sape, fermant à clef, estant à deux pandz.
65. Et de ladite chambre nous nous sommes transportés dans la chambre de la tour, à l'autre bout de ladite gallerye, dans laquelle avons trouvé une petite meschante table à tirette, de bois de nouhier, sur laquelle y a un meschant tapis de tapisserye.

....

(1) V. *Inventaire de Verteuil* : il y a aussi porté une machine pour « tirer » de l'eau de fleur d'oranger, n° 789.

66. Plus un chaslit de bois de nouhier, sur lequel y a un lit de pleumes avecq son traversin, un matellac, le tout fort uzé ; ledit matellac estant de layne ; deux couvertes de layne blanche, fort uzées, avecq une paillasse. La garniture duquel lit est de sarge vert brun garny de bandes en broderye, la frange estant de layne et sa crespine en soye et layne, et les rudaux de simple sarge verte, avecq la couverte bardant, de mesme estoffe ; trois verges de fert, deux linceulx de toille de chanvre, my uzés, et le siel dudit lit de grosse toille.

67. Plus un aultre petit chaslit de bois de nouhier, my uzé, sur lequel s'est treuvé un meschant lit de pleumes avecq son traversin, deux meschantes couvertes de layne blanche, avecq la garniture de sarge verte, fait à housse ; ledit chaslit estant foncé hault et bas.

68. Plus un petit fauteuilh et deux chaisres de bois, garnyes de meschante sarge rouge, fort uzée.

69. Plus deux chesnez de fert, fort uzés.

70. Plus trois pièces de tapisseryes de haulte lisse, fort vieilles et uzées, faites à personnages.

71. Et de ladite chambre nous nous sommes transportés dans la chambre voultée, de laquelle Monsieur l'abbé de Jarnac fait sa demeure, où nous avons treuvé une vieille meschante table, sur laquelle y a un meschant tapis fort vieux et rompu ; ladite table de bois de nouhier faite à tirette, fort vieille et uzée.

72. Plus un chaslit de bois de nouhier, foncé hault et bas, sur lequel il y a deux couvertes de layne blanche my uzée, et deux linceux de toille de chanvre. Les matellacz et autres meubles estant dans ladicte chambre, appartenant audict seigneur abbé, à la réserve des deux petiz chesnaix de fert.

73. Et de ladicte chambre sommes entrés dans l'antichambre d'ycelle, où nous avons treuvé un chaslit de bois de nouhier, foncé hault et bas, my neuf, sur lequel s'est trouvé un meschant lit de pleumes avecq son traversier, un meschant matellac de layne, deux

meschantes couvertes de layne blanche, la garniture
faite à housse, fort vieille et fort rompue, de sarge.

74. Plus un autre chaslit de bois de nouhier, aussy foncé
hault et bas, entourné de deux linceux de grosse
toille, avec un traversier de pleumes.

75. Plus deux petiz beheus formant à clef, fort vieux et
uzés, dans lesquels il ne s'est trouvé aulcune chose.

76. Plus un pair de vieilles armoires, fort vieilles et
rompues par le bas.

77. Et de ladite antichambre nous nous sommes transportés
dans la chambre au grand alcauve, où nous avons
trouvé une table de bois d'ollivier, avecq son cabinet
dessus, et deux guéridons de mesme bois, le tout
neuf.

78. Plus une autre petite table de bois de nouhier, avecq
deux guéridons de mesme bois, ladite table bordée
de fillez d'esbeyne, le tout neuf.

79. Plus une autre table de bois de nouhier, aussy neufve.

80. Plus un chaslit de bois de nouhier, neuf, sur lequel y a
une paillasse, deux liz de plume avecq leurs traversiers, presque neufz, avecq deux matellaz de layne,
couvert d'un costé de futayne, et de l'autre costé de
toille, l'un desdits matellas estant plié dans un gros
linceux uzé, plus une couverte de layne blanche,
presque neufve, autour duquel chaslit y a une housse
de camellot de la Chine, avecq trois verges de fert,
le siel duquel lit est de toille; plus s'est trouvé sur
ledit lit une garniture de sarge vert brun, garnye
de bandes et broderye de soye.

81. Plus un petit chaslit couchette à repos, de bois de
nouhier, sur lequel y a deux petiz matellacz, de deux
pieds de large chascun, de layne, couvert de toile.

82. Plus douze fauteuilhs de bois de nouhier, garnis de
plumes et de coëtis, avecq leurs housses de petitte
moquette.

83. Plus six aultres fauteuilhs avecq douze chaises, façon
d'esbayne, clissés de jon de Flandres, avecq cinq
coissins couvertz de damas.

84. Plus six chaisres de bois de noulier, garnyes de tripes de vellours.
85. Plus deux chaisnaix garnys de cuivre.
86. Plus deux grands rudaux de camellot blanc, servant aux croisées.

Et, attendu la nuit, nous avons remis la continuation dudit inventaire à demain, et nous sommes retirez ez présance de Thoumas Yvert, m⁰ ap⁰, dem¹ au village de La Chaux, pairoisse de Mainxe, et de François Gerureau de la Touche, demeurant audit Jarnac.

[Signé :] C. DE LAROCHEBEAUCOURT. — François CHABOT. — RANGEARD. — T. YVER. — F. GERUREAU. — FILHON, no¹⁰ royal héréditaire.

Et, advenant le vingt quatriesme jour de janvier audit an, en continuant ledit inventaire de ladite chambre cy dessus, nous sommes entrés dans un petit cabinet le plus proche de la cheminée d'ycelle, où nous avons trouvé :

87. Une table de bois de noulier sur un traicteau à quatre collonnes torses, avecq des fillez d'esboyne autour de ladite table, qui est neufve.
88. Plus une aultre table de bois de noulier commung, my neufve.
89. Plus sept pièces de tapisserye neufve, reaussée de soye, fait à bocage d'Envers.
90. Plus quatre aultres pièces de tapisserye d'autelisse, faites à personnages, my uzées.
91. Plus une aultre pièce de tapisserye presque neufve, faite à bocage, reaussée de soye.
92. Plus deux grands tapis de pied, de Turquye, presque neufs.
93. Plus deux pairs de tablettes, l'une vernye, l'autre noire, à collonnes torses dorées.
94. Plus un grand miroir dont la glace est de près de deux pieds et demy de longueur, et le casdre d'esboyne, laquelle glace a esté gastée par le feu, et le casdre

endhommagé en quelques endroicz, et les cordons quy le soubstenoyent sont absollument bruslés.

95. Plus un autre petit miroir de toilette dont le casdre estoit d'escaille de tortue, lequel casdre, avecq la glace d'icelluy, sont absollument bruslés.

96. Plus un aultre miroir de moyenne grandeur, dont le casdre est d'escaille de tortue garny de plaques d'argent tout autour, dont la glace et l'escaille de tortue sont aussy gastés par le feu.

97. Plus une petite cassette garnye de vellours rouge, fermant à clef.

98. Plus deux chandelliers quy s'attachent avecq une main d'argent doré, quy ont esté gastés par le feu.

99. Et dudit cabinet nous nous sommes transportés dans un aultre cabinet sur la chapelle, à costé de ladite chambre, dans lequel nous avons trouvé une petitte table de bois de noulhier, avecq son traicteau, fort vieille et uzée.

100. Plus s'est trouvé dans ledit cabinet pluzieurs vazes, plas et tasses de porcelaynes.

101. Plus quatre carreaux, deux desquels sont de vellours à fleurs, le fonds blanc, et les deux aultres de damas garnis autour de gallon d'argent.

102. Plus deux aultres carreaux à fleurs, le fonds d'argent, garnys autour de gallon d'or et d'argent.

103. Plus deux aultres carreaux de vellours chenillé, le fondz d'argent, garnys tout autour de gallon d'argent.

104. Plus un aultre carreau de vellours rouge cramoizy, garny de grande dantelle d'or et d'argent, fort vieux et uzé.

105. Plus deux petis chesnaix de fert.

106. Plus un tour de lit compozé de trois pantz, quatre quantonniers et quatre rudaux de drapt de Hollande gris maure, garnys de grandes bandes d'ouvrage en broderye de cordonnet d'or et d'argent, avecq des fleurs en cartizanne, et de bouilhon d'or et d'argent, des chiffres avec des couronnes d'or et d'argent, avecq tour de lit; il n'y a ny frange, ny mollet, ny

crespine, et est l'estoffe d'ycelluy fort gastée et mangée de vers.

107. Plus un coffre de fert fermant à doubles ressorz, dans lequel ne s'est trouvé que des papiers et tiltres de la maizon, dont on a remis la description avecq les aultres tiltres quy sont dans le trésor (1) et ailleurs.

108. Plus un grand coffre de marquetterye fait à l'antique, fermant à clef, à double ressort, dans lequel s'est trouvé dix linceulx de toille de Hollande, presque neufz.

109. Plus dix linceulx de toille de Paris, aussy presque neufs.

110. Plus quatre linceulx de toille fine de Paris, de trois, aulnes de large, sans coutures, et trois aulnes et demye de long, presque neufs.

111. Plus six aultres linceulx, aussy de toille de Paris, un peu plus gros que les préceddans, sans coutures, de deux aulnes et demye de large et trois aulnes et demye de long.

112. Plus dix linceulx de toille de lin de Poictou, de deux layes et demy, presque neufz.

113. Plus quatre linceulx fins, de toille de lin, quy a trois quartz de large, qui ont esté pourris au blanchissoir.

114. Plus quatre aultres linceulx de toille de lin, de cinq quartz de large, presque neufz.

115. Plus quatre aultres linceulx de toille de lin, aussy de cinq quartz de large, neufz.

116. Plus un grand coffre de bois de nouhier, fermant à clef, fort vieux et antique, dans lequel s'est trouvé quatre douzaynes et une serviettes de toille de beau lin, de deux tiers de large, presque neufves.

117. Plus deux douzaines de serviettes, aussy de toille de lin, de mesme largeur, un peu plus fines que les précédantes.

118. Plus quatre douzaynes de serviettes, aussy de toille de lin, de mesme largeur et fort finnes, presque neufves.

(1) Dans la « *salle du trésor* », on gardait les parchemins et les papiers de la maison; ces titres constituaient le *trésor* de céans.

119. Plus trois douzaynes de molngs fines, de mesme largeur, dont une douzaine qui ne sont pas marquées en serviettes, presque neufves.
120. Plus trois douzaines d'autres serviettes de toille de lin, de mesme largeur, plus fines que les préceddantes, presque neufves.
121. Plus trois autres douzaines de serviettes de toille de chanvre blanche, fort fines, de la mesme largeur.
122. Plus cinq douzaines d'autres serviettes de toille de lin, de mesme largeur, presque neufves.
123. Plus sept douzaines de serviettes de toille de chanvre blanche, fines, de mesme largeur.
124. Plus seize napes fines de deux aulnes en quairé, presque neufves.
125. Plus une nape de toille de lin de quatre tiers de large, my uzée.
126. Plus quatre linceulx de toille de lin, fort uzés.
127. Plus un vieux behus couvert de cuir, fermant à clef, dans lequel s'est trouvé trèze grandes napes damassées, presque neufves.
128. Plus dix sept douzaines de serviettes damassées, presque neufves.
129. Plus sept serviettes de collation, de toille damassée, preque neufves.
130. Plus trèze grandes napes de toille, ouvrées, dont y en a de plus fines les unes que les autres.
131. Plus sept douzaines et deux serviettes de toille, ouvrées, dont il y en a de plus fines les unes que les autres.
132. Plus s'est aussy trouvé dans ledit cabinet un matellac avecq un traversier pour une forme, couvert l'un et l'autre de sarge de soye, le tout ployé dans un gros linceulx uzé.
133. Plus un vieux tapis de table, de velours bleu, garny de gallon d'or, fort vieux et uzé.
134. Plus une couverture de mulles, de drap vert brun, avecq les armoiryes de feu Monsieur le Comte et de Madame.

135. Et dudit cabinet nous sommes entrés dans un aultre quy est dans la croizée de la chambre du grand alcauve, dans lequel ne s'est trouvé que des papiers dont on a remis l'inventaire lhors qu'on inventorizera les aultres.
136. Et dudit cabinet, sortant de ladite chambre, nous sommes entrés dans une petitte antichambre proche du degré, dans laquelle nous avons trouvé un petit chaslit de couchette, avecq quatre verges de fert, servant de quenouilles, de bois de nouhier, neuf.
137. Plus un lit à buffect, de bois de sape, my neuf, fermant avecq une petitte targette de fert par le hault, dans lequel s'est treuvé un petit lit de pleume sans son traversier, fort vieux et uzé.
138. Plus une petitte couverte de meslinge, fort vieille et uzée.
139. Plus dix douzaines de serviettes neufves, de toille de chanvre.
140. Plus une malle fermant à clef et deux petiz chesnez de fert.
141. Et dans un petit cabinet joignant ladite antichambre, où nous sommes entrés, nous n'avons trouvé dans icelluy que du fruit cuit avecq quelques potz de confiture.
142. Et dudit cabinet nous nous sommes transportés dans un aultre, proche la chambre de Monsieur l'abbé, dans lequel nous avons trouvé un grand behut fort vieux, fermant à clef, couvert de cuir, dans lequel s'est trouvé dix linceulx de toille de chanvre, tous neufs, de six aulnes chascun.
143. Plus six aultres linceulx de toille de repassure, tous neufs.
144. Plus quarante six napes de toille ouvrée, dont il y en a deux fort petittes et de plus fines et uzées les unes que les aultres.
145. Plus un aultre grand behus fermant à clef, dans lequel s'est trouvé un tour de lit quy a les trois pantz, quatre cantonniers et deux soubassemans de vellours rouge et bleu à font d'or, avecq des bandes de bro-

deryes, les quatre rudaux, la courtepointe et le doussier de damas rouge, garny de passemans d'or et d'argent, les franges et le mollet d'or, avecq quatre pommes de lit de vellours rouge, garnyes de gallon d'or et d'argent; toute laquelle garniture de lit est fort gastée et bruslée, le feu en ayant changé et hosté presque touttes les coulleurs.

146. Plus un tour de lit de sarge de soye, avecq les trois rudaux, quatre cantonniers, le fonds, le doussier, la courtepointe, les fourraux de pilliers et les quatre pommes, le tout garni d'une demye frange et de mollet d'argent, le tout neuf.

147. Plus unze garnitures de fauteuilhs de mesme estoffe, avecq leurs dossiers et deux soubassemans pour la forme, le tout garny de demy frange et de mollet d'argent aussi neuf.

148. Plus trois pants de lit, quatre quantonniers, le doussier et la courtepointe de drap d'or, avecq des bandes de satin rouge et une petite broderye d'argent, les pantz garnyes de frange d'or.

149. Plus soixante six aulnes de satin à fleurs, le fond blanc, en trois pièces.

150. Plus quatre pantes de lit de vellours vert à fonds d'argent, et de vellours rouge en broderye de Grenade, avecq le fonds de mesme estoffe, avecq les armes des Chabot et de Luxembourg (1).

(1) Jacques Chabot, chevalier, seigneur de Jarnac, de Bion et d'Aspremont, fut retenu conseiller et chambellan du Roi le 22 septembre 1485 et mourut en 1546. Il avait épousé, le 15 septembre 1485, Madeleine de Luxembourg, veuve de Charles de Sainte-Maure, seigneur de Puyseuls, et fille de Thibault de Luxembourg, seigneur de Pieanes, et de Philippe de Melun. Il eut trois enfants, parmi lesquels le célèbre amiral Chabot, dont le « tableau » figurait dans la « grande salle des Alliances », au château de Jarnac. (V. Jal : *Dictionnaire critique de Biographie et d'Histoire;* voir aussi *M. le Comte de Jarnac et son château*, par Émile Biais, 1884.) — Le tombeau de l'amiral Philippe de Chabot, par Jean Cousin, se trouvait dans l'église des religieux Célestins, à Paris; ce chef-d'œuvre est déposé actuellement au Louvre : musée de la Renaissance.

151. Plus la garniture de quatre chesres de vellours noir, en broderye de satin rouge et blanc, avecq des fils d'argent, et une aultre garniture de chesre de vellours noir uny.
152. Plus un grand tapis de vellours bleu par le millieu et tout autour de satin rouge, le tout parsemé de broderye d'or et d'argent, avecq une demy frange d'or tout autour.

Et, attendu la nuit, nous nous sommes retirés et remis la continuation dudit inventaire à demain. Fait lesdits jour et an susditz, en présence desdits Yvert et Gernereau, demeurant comme dessus.

[Signé :] C. DE LA ROCHEBEAUCOURT. — François CHABOT. — RANGEARD. — T. YVERT. — F. GERNEREAU. — FILHON, no^{re} royal héréditaire.

Et, advenant le vingt cinquiesme dudit mois, requérant ladite dame, avons procoddé audit inventaire ainsy que s'ensuit :

153. Premièrement, estant retournés dans ledit cabinet et parachevant d'inventorizer ledit coffre cy dessus, avons trouvé dans icelluy un fonds de lit en broderye d'or et d'argent avecq des chabots (1), le millieu d'une estoffe de soye razée, avecq des fillez d'or et d'argent, et le surplus de satin bleu en broderye de satin rouge, et l'aultre partye de toille d'or et d'argent, avecq du gallon d'or et d'argent et les armes de Luxambourg.
154. Plus la garniture de quatre fauteuilhs, six chaises à dos et six sièges plians, de damas jaulne, le tout garny de demy frange et mollet d'or et d'argent.
155. Plus une couverte bardante de taffetas jaulne, garnye de demye frange et frangeon de soye de mesme coulleur, le tout vieux et uzé.

---

(1) On connaît les armoiries des Chabot, seigneurs de Jarnac : d'or, à trois chabots de gueules mis en pal : 2 en chef et 1 en pointe.

156. Plus une tapisserye de satin de Bruge, composée de douze pièces coulleur de roze, rayées.
157. Plus un aultre behus fermant à clef, fort vieux, dans lequel s'est aussy trouvé une pièce de satin à fleurs horore et blanc, le fondz noir.
158. Plus trois pantes de lit, avecq des bandes de broderye de soye, le fonds de sarge rouge.
159. Plus trois pièces de tapisseryes de brocatel horore, rouge et vert, touttes neufves.
160. Plus un tour de petit lit de damas horore, garny de frange de soye qui marque les pantz, avecq le dossier de mesme estoffe, le tout fort vieux et uzé.
161. Plus un meschant tour de lit de sarge rouge fait à housse avecq du mollet de soye, le tout vieux et uzé, composé de cinq pièces.
162. Plus un tour de lit à pante, les trois pants et le dossier de damas rouge avecq de l'ouvrage et du passemant d'or et d'argent, le fonds dudit lit de mesme, les deux rudaux et les deux bonnes grâces garny aussy de damas rouge avecq de petis passemans d'or et de soye, la crespine et les mollets d'or et d'argent et la frange de soye, la courtepointe de taffetas rouge piquée avecq un mollet d'or et d'argent.
163. Plus un petit tour de lit à housse, de taffetas incarnat et blanc, garny de demy frange et de mollet de soye, à la réserve de deux pièces et le dossier quy n'ont ny frange ny mollet.
164. Plus six housses de chaisres de sarge rouge fort gastées par les vers.
165. Plus s'est trouvé dans ledit cabinet deux platines de cuivre jaulne, l'une grande et l'aultre moyenne, avecq leurs pieds de fert.
166. Et dudit cabinet nous nous sommes transportés et monté dans une chambre haulte sur le degré, où nous avons treuvé une meschante table de bois fort vieille et antique, avecq un meschant tapis sur ycelle, de sarge viollette.
167. Plus un chaslit de bois de nouhier, fort antique, sur

lequel s'est trouvé un lit de pleumes avecq son traversier, le coëtis presque neuf, et un vieux mathelac de layne avecq une paillasse ; la garniture duquel lit est à housse de cadis rouge de deux pièces.

168. Plus deux bodez *(sic)* garnis de leurs sangles, sur l'un desquelz y a un petit lit de pleumes avecq son traversier en coetis dudit lit presque neuf et le traversier fort uzé *(sic)*.
169. Plus douze linceulx de grosse toille, l'un my neuf et l'autre fort uzé.
170. Plus deux chaisres de jon.
171. Plus deux chesnaix garnys de cuivre, fort rompus, et une petitte pelle de fert.
172. Et de ladite chambre nous nous sommes transportés dans une aultre chambre haulte de la tour, au haut des haultes galleryes, sur la chambre de Monsieur le Chevallier, où nous avons trouvé une grande table longue sur deux traicteaux, fort vieille et antique.
173. Plus un chaslit de bois de nouhier foncé dessus et dessoubz, avecq un meschant tour de lit de sarge rouge, fait à housse, fort vieux et uzé, sur lequel chaslit y a une paillasse avecq un lit de pleumes et son traversier de coëtis, fort uzé.
174. Plus cinq autres liz de pleumes aussy avecq leurs traversiers en coëtis, fort uzés.
175. Plus trois petiz traversiers de pleumes.
176. Plus un autre lit de pleume avecq son traversier plyé dans un meschant linceux, le coëtis my uzé.
177. Plus quatre mathellaz de layne couverz de futayne d'un costé et de grosse toille de l'autre, tous quatre assez bons, et l'un d'yceux plié dans un vieux linceulx de toille de chanvre.
178. Plus deux autres matellaz de layne, fort vieux et rompuz.
179. Plus deux matellaz de bourre, couverz de grosse toille, my uzés.
180. Plus deux chasliz de bois de nouhier, desmontez, un presque neuf, et l'autre fort vieux et uzé, avecq cinq verges de fert.

— 35 —

181. Plus deux petiz chasliz couchette, l'un desmonté.
182. Plus un tapis de Turquye fort uzé.
183. Plus un fauteuilh et une chesre de bois de nouhier, garnis de toille tainte.
184. Plus deux chesnaix de fert, fort vieux.
185. Plus deux chesnaix de fert, fort vieux.
186. Plus de meschans paravanz garnis de sarge rouge.
187. Et de ladite chambre nous nous sommes transportez dans une autre chambre, au bout de la gallerye haulte, sur la basse cour, dans laquelle nous avons treuvé un petit chaslit à couchette quy a de la dorure, fort vieux et antique.
188. Plus trois autres grands chasliz desmontez, de bois de nouhier, dont il y en a deux de fort vieux et antiques.
189. Plus deux petiz buffez de bois, fort vieux et antiques.
190. Plus sept verges de fert de chaslit.
191. Plus un pair de petiz chesnaix de fert.

Et, attendu la nuit, nous sommes retirés et remis à procedder à la continuation dudit inventaire à demain, ez présance de Thomas Yvert, m^{tre} ap^{re}, demeurant au village du..... de La Chaux, pairoisse de Mainxe, et de Françoys Gernereau, s^r de La Touche, demeurant à Jarnac, requis.

[Signé :] C. DE LA ROCHEBEAUCOURT. — François CHABOT. — F. RANGEARD. — T. YVER. — F. GERNEREAU. — FILHON, n^{re} royal héréditaire.

Et, advenant le vingt siziesme jour desdits mois et an, requérant ladite dame, avons procedde à la continuation du présant inventaire ainsy que s'ensuit :

192. Et estant retournés dans la mesme chambre cy dessus, avons aussy trouvé dans ycelle, premièrement huit pièces de tapisserye fine dont le fonds est vert, avecq des *personnages champestres*.

103. Plus une tanture de tapisserye verte, avecq des chapeaux de cardinal, contenant... (1).
104. Plus une aultre pièce de tapisserye des *Sibilles*, semblable à celles quy sont dans la chambre de Madame.
105. Plus une tanture de tapisserye contenant *les travaux d'Ercullos*, compozée de... (1).
106. Plus une aultre tanture de tapisserye où sont représantées les Planettes, contenant huit pièces.
107. Plus une aultre tanture de tapisserye quy est une verdure d'Auvergne, contenant dix pièces.
108. Plus une aultre tanture de tapisserye quy représante des *femmes à cheval*, contenant six pièces.
199. Plus une aultre tanture de tapisserye avecq des *personnages champestres*, à fond vert, contenant cinq pièces.
200. Plus trante aultres pièces de tapisseryes, de différante façon, dont la plus part ne vallent rien.
201. Plus quatre tapis de pieds quy sont vieux et uzés.
202. Plus un petit lit à berceau de pleume, avecq son traversier, son matellac et une couverte.
203. Et de ladite chambre sommes descendus dans la salle, où nous avons treuvé une table à auvalle, sur un traicteau pliant, de bois de sapc, avecq un tapis de tripes de vellours.
204. Plus une aultre table de bois de nouhier, fort vieille et antique, avecq un tapis de Turquye fort uzé.
205. Plus une aultre petitte table carrée, de bois de nouhier, unye, my neufve.
206. Plus dix huit chaizes garnyes de tripes de vellours, six desquelles sont un peu plus grandes que les aultres.
207. Plus deux grands chesnaix de fert garnys de cuivre, avecq une pelle de fert quy a de petittes pommes de cuivre, et un garde-fouyer de fert.
208. Plus une tante de tapisserye contenant six pièces, à divers *personnages*, avecq des *giraffles*, de haulte lisse, fort fine.

(1) Resté en blanc.

209. Et de ladite salle nous sommes entrés dans la chambre appellée *du Pavé*, dans laquelle nous avons trouvé une petitte table carrée, de bois de nouhier, unye, my neufve, avecq un tapis d'ouvrage de soye et layne, avecq un petit mollet de soye vert brun, tout neuf.

210. Plus un chaslit de bois de nouhier, tout neuf, avecq ses verges de fert, sur lequel nous avons trouvé un lit de pleume avecq son traversin et un matellac de layne, couvert de futayne d'un costé, le tout presque neuf, avecq une paillasse, et autour dudit chaslit y a un lit à pants; les trois pants et les quatre cantonniers estant de vellours noir en broderye de satin rouge, blanc, bleu et jaulne, avecq du cordonnet d'or, la frange de soye noire et la crespine d'or, les quatre rudaux de pane noire avecq de la frange noire, sans crespine; le dossier et les trois doubles pantz et la courtepointe de toille d'argent chamarrée de noir, avecq des bandes de satin rouge et broderye d'argent; les doubles pantz garnys de simple frange d'argent, le fonds de mocade noire en broderye de satin rouge, le tout fort bon.

211. Plus un grand tapis de pieds, de Turquye, fort bon.

212. Plus quatre fauteuilhs, cinq chaizes et quatre sièges plians, de bois de nouhier, garnys de cuir, avecq leurs housses de sarge jaulne, le tout presque neuf.

213. Plus sept pièces de tapisseryes de haulte lisse, quy représantent *Jupiter, Mars, Vénus, Minerve, Pallas, Apollo* et *Luna*.

214. Plus deux chesres garnyes de cuivre, avecq de grosses pommes.

215. Et de ladite chambre nous sommes transportez en celle appellée *de la Cambaudierre* (?), où nous avons trouvé une table de racine de nouhier, avecq des fillez d'esbeyne, avecq des coullonnes torses, neufve.

216. Plus un chaslit de bois de nouhier, neuf, sur lequel s'est trouvé un lit de plumes avec son traversin et un matellas de layne garny de futayne d'un costé, et une paillasse, une couverte de layne blanche, une

courtepointe piquée de diverses coulleurs, et autour dudit lit y a une garniture; les trois pantz, les quatre cantonniers, le dossier et les trois soubassemans d'ouvrage avecq des bandes de vellours rouge en broderye de toille d'or; les quatre rudaux, la courtepointe ou couverte bardant; le fond et les trois doubles pantz de damas feuille morte; les franges et les mollez de soye, avecq une housse de sarge verte. Autour dudit lit, deux fauteuilhs, cinq chaises et cinq sièges plians, de bois de nouhier, garnies de coëtis, avecq leurs housses de sarge verte.

217. Plus sept pièces de tapisseryes où sont représantées les *Sibilles*, avecq des fontaynes, de haulte lisse, fort fines.

218. Plus deux petiz chesnez de fert garnys de cuivre, avecq une demye plaque de fert servant de contre-fouyer.

219. Et de ladite chambre sommes entrés dans l'antichambre d'ycelle, dans laquelle s'est trouvé une petitte table de bois de nouhier, fort vieille et uzée, avecq un petit tapis dessus.

220. Plus trois vieilles pièces de tapisseryes à feuillage et un vieux tapis de pied, de Turquye, le tout fort vieux et rompu.

221. Plus un chaslit de bois de nouhier, presque neuf, sur lequel il y a un lit de pleume avecq son traversier, un matellac de layne couvert de futayne et une petitte couverte de sarge verte, fort vieille et rompue, avecq la garniture et tour de lit de sarge jaune, faitz à housse.

222. Et de ladite chambre nous nous sommes transportez dans la chambre appellée *la Petitte alcauve*, quy a esté bruslée, dans laquelle ne s'est trouvé aulcune chose, synon deux petiz chesnetz de fonte.

223. Et de ladite chambre sommes entrés dans le vestibulle entre ladite chambre et celle de la chapelle, dans lequel s'est trouvé un petit cabinet de bois de nouhier, fermant à clef, dans lequel ne s'est trouvé que des papiers.

224. Et dudit vestibulle sommes entrés dans ladite chambre de la chapelle, où nous avons treuvé une petitte table de bois de nouhier, fort vieille et antique, avecq un petit tapis de Turquye fort uzé.
225. Plus un chaslit de bois de nouhier, fort vieux, sur lequel s'est trouvé un lit de plumes avecq son traversin, le coytier plus que my neuf, un matellas de layne couvert de futayne et une couverte de layne blanche avecq une paillasse ; la garniture dudit lit fait à housse, de sarge violette garnye de bandes à fleurs d'ouvrage, doublée de taffetas jaulne, le dessus et le fond du lit aussy de taffetas jaulne.
226. Plus un aultre chaslit de bois de nouhier, presque neuf, sur lequel s'est trouvé un lit de plumes avecq son traversin, le coëtier presque neuf, un matellas de layne garny de futayne d'un costé, aussy presque neuf, une paillasse, deux couvertes de layne blanche dont il y en a une fort vieille et uzée ; la garniture dudit lit faite à housse, avecq des bandes de fleurs d'ouvrage de soye, le dossier de sarge violette, sans ouvrage, et le siel dudit lit d'un vieux damas blanc avecq deux linceulx de toille de chanvre, my uzés.
227. Plus cinq pièces de tapisserye à *feuillages*, vert et aultres coulleurs, fort vieilles et deschirées.
228. Plus cinq chaises de bois de nouhier, garnyes de *tripes* de vellours, semblables à celles quy sont dans la salle.
229. Plus deux grands chesnez de fert revestuz de cuivre.
230. Et de ladite chambre sommes entrés dans l'antichambre d'ycelle, où nous avons treuvé un vieux chaslit de bois de nouhier fort antique, et sur ycelluy un meschant lit de pleume aveq son traversier, une paillasse et une meschante couverte de layne blanche, le tour du lit à housse, de meschante sarge rouge, et le fond du lit de grosse toille, et un linceulx aussy de grosse toille, fort uzé.
231. Plus deux petiz chesnez de fert.
232. Plus une chaisre garnye de tripes de vellours, comme les aultres de la salle.

233. Et de ladite antichambre nous nous sommes transportés dans la chapelle. Nous avons trouvé le grand hostel garny de deux nappes, une grosse et une fine, un crucifix d'un pied et demy de hault en relliéf.
234. Plus un missel a demy uzé, in-folio.
235. Plus un cabinet de bois de nouhier, fermant à clef, où nous avons trouvé deux haubes de toille de Paris, presque neufves, garnyes de dantelle par le bas, de la haulteur de deux poulces, avecq leurs amict.
236. Plus deux aultres napes pour l'autel, une ouvrée et l'aultre unye, de toille fine, assez uzée.
237. Plus une chasuble avecq son estolle et manipulle à fleurs de diverses coulleurs, le fonds horore, avecq un devant d'hautel de mesme estoffe.
238. Plus une aultre chaizuble de satin coulleur de feu, en broderye chamarrée de passemans d'or et d'argent avecq son estolle et son manipulle, son voille et sa bourse, et le devant d'hautel, le tout de mesme estoffe et mesme broderye.
239. Plus une aultre chazuble à fleurs vertes, le fond blanc, avecq son estolle, manipulle et voille, et devant d'hautel et bourse de mesme estoffe.
240. Plus un voille blanc, de taffetas, et un aultre voille de tabis viollet.
241. Plus une chaizuble de moire noire, avecq son estolle et son manipulle, bourse et voille de mesme estoffe, et le devant d'hostel de sarge noire, avecq un aultre devant d'hostel de mesme estoffe que la chaizuble.
242. Plus un drapt mortuaire de vellours noir, avecq les bandes de satin blanc, fort vieux et uzé, et deux petiz à demy uzés, avecq les bandes de mesme satin blanc.
243. Plus une chazuble de vellours noir, avecq ses courtibauds de mesme estoffe et fort vieux.
244. Plus un estuit de cuir bouilly, dans lequel s'est trouvé un callisse d'argent avecq sa patène.
245. Ladite chapelle garnye de ses tableaux ordinaires; et dans le banc de ladite chapelle avons trouvé trois behus fort vieux, fermant à clef, dans lesquels ladite

dame a desclaré ny avoir que de vieux habiz, avecq les livres ordinaires.

246. Et de ladite chapelle nous sommes entrés et transportés dans la chambre des vasletz, dans laquelle avons trouvé deux vieux et meschans chaslis et un aultre meschant chaslit couchettes, sur lesquels y a deux meschans liz de plumes et trois traversins, avecq deux linceulx de grosse toille et une meschante couverte de layne blanche.

247. Et de ladite chambre sommes entrés dans la chambre appellée *des Pers*, en laquelle avons trouvé une petitte meschante table de bois de nouhier, avecq un petit meschant tapis vert dessus.

248. Plus un meschant chaslit de bois de nouhier, fort vieux et antique, sur lequel s'est trouvé une paillasse, un lit de pleume avecq son traversier, et un matellac de layne couvert de futayne d'un costé, deux linceulx de toille de chanvre, le tout my uzé, avecq une couverte de layne blanche assez bonne et une petite de mesme layne, fort uzée; la garniture dudit lit faite à housse, avecq le dessus de sarge jaune, le tout fort uzé.

249. Plus un aultre vieux chaslit fort rompu, sur lequel s'est trouvé une meschante paillasse, un lit de pleume avecq son traversier, et un matellac de layne, avecq deux couvertes de layne blanche, le tout fort vieux et uzé; la garniture dudit lit faite à housse avecq son dossier de sarge jaulne, le tout fort uzé; les deux fonds de lit de deux linceulx de grosse toille.

250. Plus deux chesnaix de fert battu.

251. Et de ladite chambre nous sommes entrés dans la chambre où demeure le sieur Grizet, dans laquelle nous avons trouvé un vieux chaslit à l'antique, de bois de chaisne, sur lequel y a un lit de plumes avecq son traversier, un matellas de layne couvert de futayne d'un costé, et deux couvertes de layne jaulne, deux linceulx de chanvre, trois pants de lit

en broderye à fonds jaulne, avecq des bandes d'ouvrage à fonds noir, le dossier de sarge jaulne avecq des bandes d'ouvrage; ledit lit entouré d'une housse de sarge bleu feu; le tout fort uzé.

252. Plus un vieux chaslit couchette sur lequel y a un meschant lit de pleume et un meschant traversier, avecq un meschant linceul de grosse toille et deux meschantes couvertes de faye, fort vieilles et rompues.
253. Plus une chaize de tripe de vellours semblable à celles de la salle.
254. Plus un fuzil quy tire quatre coups.
255. Plus un aultre fuzil à deux canons.
256. Plus trois gros fuzils fort poizans.
257. Plus un pair de petiz pistollez à deux canons.
258. Plus un pair de grands pistollez fort longs, à l'ancienne mode.
259. Et de ladite chambre nous nous sommes transportés dans la chambre où demeure Luc Labeur, sieur des Rochers, maistre d'hostel de ladite dame, dans laquelle nous avons trouvé une vieille table foncée, avecq un meschant tapis vert dessus.
260. Plus un vieux chaslit de bois de chesne fort vieux et antique, sur lequel y a une paillasse, un lit de pleume avecq son traversier, un matellac de layne couvert de futayne d'un costé, deux linceulx de toille de chanvre et deux couvertes de layne blanche, le tout fort uzé, et autour dudit chaslit quatre linceulx et un fonds de lit de toille.
261. Plus trois vieilles chaisres fort antiques.
262. Plus un petit cabinet à quatre ouvertures, de bois de nouhier, fermant à trois serrures et trois clefz, dans lequel il ne s'est trouvé aulcune chose.
263. Plus un aultre petit cabinet fermant à deux pans, fort vieux, dans lequel ne s'est trouvé aulcune chose.
264. Plus un vieux coffre de bois de nouhier, fermant en clef, fort antique, dans lequel ne s'est trouvé que de vieux meschans papiers.
265. Plus un vieux behus sans serrure, tout rompu.

266. Plus six vieux fuzils et un vieux mousquet sans platine.
267. Plus un vieux mortier de fert, avecq un pair de meschant ballance.
268. Plus un croschet à poizer.
269. Plus deux gros chesnez de fonte.
270. Et de ladite chambre nous sommes entrés dans l'arrière chambre d'ycelle, où il s'est trouvé trois grands bassins de chaize d'estain.
271. Plus deux arrouzoirs de cuivre.
272. Plus un pair de sizeaux de jardinier.
273. Et de ladite chambre nous nous sommes transportés dans la chambre des femmes, où demoure Andrée Gendre, où nous avons trouvé une vieille meschante table avecq son traicteau, fort vieux et pourry.
274. Plus un vieux chaslit de bois de nouhier, sur lequel s'est trouvé un lit de plumes avecq son traversin, lequel lit Jeanne Guyon a desclaré estre à elle pour l'avoir achapté de Madame.
275. Plus une paillasse fort vieille et uzée.
276. Plus une couverte de layne blanche my uzée et deux petiz linceulx de toile de chanvre, neufz; la garniture dudit lit faite à housse, fort vieille, rompue et uzée.
277. Plus un petit chaslit couchette, sur lequel s'est treuvé une paillasse fort vieille, un lit de pleume avecq son traversier de coëtis fort uzé, un linceulx de grosse toile, avecq une couverte de layne blanche, fort uzée.
278. Plus un aultre lit couchette de bois de chesne, comme ladite cy dessus, sur lequel s'est treuvé un linceulx servant de paillasse, un petit lit de pleumes avecq son traversier fort uzé et rompu, avecq une meschante couverte de layne blanche.
279. Plus un vieux buffect à l'antique.
280. Plus un vieux coffre de bois de chaisne fait à l'antique, vermoullu et rompu, fermé à clef, dans lequel ladite Andrée Gendre a desclaré n'y avoir que du vieux

linge uzé et rompu quy a esté mis dans ledit coffre par ladite dame, pour ne pouvoir plus servir.

281. Plus ladite Andrée Gendre nous a desclaré avoir en sa puissance et estre chargée de soixante et unze linceulx de toille de chanvre dont y en a de fort uzés et rompus, six neufz, et les aultres my uzés, compris dans ledit nombre de soixante unze ceux quy sont dans les liz des chambres cy dessus inventorizées.

282. Plus soixante douze linceulx de toille de repassure et d'estouppes, y compris aussy ceux quy sont dans les liz inventorizés cy dessus.

283. Plus elle a aussy entre mains six petiz linceulx de toille de chanvre pour servir au liz des petiz Messieurs, tous neufz, desquels elle n'est point chargée.

284. Plus elle est aussy chargée de douze napes de toille de chanvre, neufves, d'une aulne et tiers de large, et d'une aultre douzaine de napes de toille de chanvre, d'une aulne et demye de large.

285. Plus douze napes de repassure, de buffet, my uzées.

286. Plus trante douzaines et dix serviettes, scavoir : vingt huit douzaines et dix serviettes de toille de chanvre, et les aultres de toille de repassure, dont il y en a quatre douzaines neufves, le restant fort uzé et rompu.

287. Plus une douzaine de napes de cuizine, dont il ny a que trois neufves et les aultres fort uzées et rompues.

288. Plus cinq douzaines de grosses serviettes, aussy de cuizine, dont il y en a deux douzaines d'assez bonnes et les aultres fort uzées et rompues.

289. Plus dix pastières (1), quatre bonnes et six meschantes, le tout de grosse toille.

290. Plus elle nous a représanté quatre linceulx de toille de lin de Poictou, presque neufz, de trois legs *(sic)* chascun.

291. Plus s'est treuvé dans ladite chambre un vieux beüs fermant à clef, dans y a une partie du linge cy dessus inventorizé.

(1) Probablement des linges à l'usage de la boulangerie.

202. Plus deux chaizes de jon et une de bois.
203. Plus deux chesnez de fert battu, fort vieux et uzés.
204. Et de ladite chambre sommes entrés dans l'arrière chambre d'ycelle, où nous avons trouvé deux vieux behuts fermant à clef, dans lesquels y a une partye des linceulx de toille de chanvre dont ladite Andrée est chargée et cy dessus inventorizé.
205. Plus un vieux coffre fort antique, fermant en clef, dans lequel est le gros linge dont ladite Andrée est chargée, cy dessus inventorizé.
206. Plus trois aultres grands vieux coffres, faiz à l'antique, fermant à clef, dans lesquels on nous a desclaré n'y avoir que quelque gros fil.
207. Plus deux vieux et meschans liz avecq leurs traversiers de coëtis, fort uzés et pourris.
208. Et de ladite arrière chambre sommes descendus dans la buandrye, en laquelle avons treuvé un grand vieux coffre fermant à clef, servant à mettre de la farine.
209. Plus deux mez à pestrir, fermant à clef, l'une de bois de chaigne, fort vieille, et l'aultre de bois de nouhier.
300. Plus deux chaudierres de fert de fonte, contenant chascune quatorze ou quinze seaux, vieilles et uzées.
301. Plus une grande poisle d'airin, escoullant huit sceaux, fort uzée et petassée.
302. Plus deux trepieds de fert.
303. Plus trois chaudrons d'airin, y compris un grand, escoullant quatre sceaux, quy est de cuivre rouge.
304. Et de ladite buandrye nous sommes transportés en la cuizine, où nous avons trouvé une grande vieille table de bois de chesnes, sur deux traicteaux de mesme bois.
305. Plus deux grandes marmittes, l'une de cuivre rouge, forte, et l'autre de cuivre jaulne, avecq leurs couvertures, et une aultre petitte marmitte de cuivre jaune, avecq sa couverture, deux grandes cuillières de mesme estoffe, deux friquez, l'un de cuivre rouge

et l'aultre de cuivre jaulne, avecq trois couvertures de cuivre jaulne.
306. Plus un pot de fert, sans couverture.
307. Plus trois poilles en queües, de fert, une grande casse et une petitte ; la petite fort uzée et rompue.
308. Plus une grande poissonnière et une aultre petitte, de cuivre rouge, fort vieilles et uzées.
309. Plus une bassine de cuivre rouge, servant à laver la vaisselle, et deux aultres bassines de mesme cuivre, un peu moindre.
310. Plus trois aultres petittes bassines de mesme cuivre.
311. Plus une casserolle, avecq sa couverture, de cuivre rouge.
312. Plus une tourtière avecq sa couverture, et trois aultres tourtières sans couvertures, dont il y en a une fuite en auvalle, le tout de cuivre rouge.
313. Plus deux passoirs d'airin avecq leurs queües de fert, et les aultres passoirs sans queües.
314. Plus un grand poislon de cuivre rouge.
315. Plus deux bassines d'airin, fort uzées et rompues.
316. Plus un chaudron de cuivre rouge, escoullant deux sceaux, et un aultre chaudron de mesme cuivre, escoullant un sceau et demy, avecq un aultre petit chaudron de mesme cuivre, escoullant environ sept à huit paintes.
317. Plus deux cloches de cuivre rouge : une grande et une petitte.
318. Plus un mortier de marbre et deux cuvettes de cuivre rouge.
319. Plus un petit mortier de métal avecq son pillon de fert
320. Plus trois broches de fert, deux grilles : une grande et une petitte, et le couvercle du four, aussy de fert, avecq une ance.
321. Plus une pastisserye de bois, fermant à clef, avecq deux grands coustaux servant à acher les viandes.
322. Plus deux gros chesnez de fonte et deux grands rostissoirs de fert et deux cramaillières, le tout fort vieux et uzé.

— 47 —

Et, attendu la nuit, nous nous sommes retirés et remis à proceddor à la continuation dudit inventaire à demain.

Fait en présance de Thommas Yvert, m⁰ ap⁰⁰, dem¹ au village du Four de la Chaux, pairoisse de Mainxe, et de Fran. Gernereau, sieur de La Touche, dem¹ audit Jarnac, tous requis.

[Signé :] X. DE LAROCHEBEAUCOURT. — François CHABOT. — F. RANGEARD. — T. YVER. — F. GERNEREAU. — FILHON, n⁰⁰⁰ royal her⁰⁰.

Et, advenant le vingt septiesme jour desditz mois et an, requérant ladite dame, avons proceddé à la continuation dudit inventaire ainsy que s'ensuit.

323. Et, de ladite cuizine, nous estans transportez dans la sommellerye, avons treuvé dans ycelle : premièrement une meschante table de bois, avecq son traicteaux, le tout fort vieux et uzé.
324. Plus une aultre petite meschante table de mesme bois, avecq son traicteau, aussy fort vieille et uzée, faite à l'antique.
325. Plus un baudet avecq ses sangles, sur lequel nous avons treuvé un petit lit de pleumes avecq son traversier, le coëtis fort vieux et uzé, avecq une couverte de layne blanche, aussy fort uzée.
326. Plus un cabinet de bois de sape, fermant à clef, fort vieux et uzé, dans lequel ne s'est treuvé aulcune chose.
327. Plus un aultre meschant cabinet fort vieux et uzé, fait à l'antique, sans aulcunes clefs ny serrures, ouvrant à quatre pends.
328. Plus un aultre petit meschant cabinet, fermant à clef, fort vieux et rompu.
329. Plus un petit meschant buffect fort vieux et uzé, avecq deux bancs tournés, aussy fort meschans.
330. Plus une grande buye d'estain.
331. Plus une painte, une demy quarte et un tiers, aussy d'estain.

— 48 —

332. Plus un coffre à estuit, fermant à clef, dans lequel nous avons treuvé huit grands plaz d'argent, poizant soixante six marcs, marqués de trois chabotz et des lauzanges (1).
333. Plus six grandes assiettes creuzes, d'argent, pour mettre dans les plaz cy dessus, avecq les mesmes armes, poizant dix huit marcs quatre onces.
334. Plus huit grandes assiettes creuzes, d'argent, pour mettre sur des portes assiettes, poizant vingt quatre marcs trois onces, marquées des mesmes armes.
335. Plus deux aultres assiettes creuzes, d'argent, un peu moindres que les précoddantes, marquées des mesmes armes que celles cy dessus, poizant quatre marcs quatre onces.
336. Plus sept petittes assiettes creuzes, d'argent, pour mettre sur des portes assiettes, marquées des mesmes armes que celles cy dessus, poizant treze marcs quatre onces.
337. Plus douze plaz moyens, d'argent, dont il y en a quatre plus grands que les aultres, marqués des mesmes armes, poizant soixante six marcs deux onces.
338. Plus dix assiettes creuzes, aussy d'argent, servant à mettre dans les plaz cy dessus, marquées des mesmes armes, poizant dix huit marcs six onces.
339. Plus trois douzaines d'assiettes communes, aussy d'argent et marquées des mesmes armes, poizants cinquante neuf marcs et demy.
340. Plus deux portes assiettes en colliers de maure, aussy d'argent et marquées des mesmes armes, poizant trois marcs cinq onces.
341. Plus deux aultres portes assiettes quy peuvent servir

(1) Évidemment il s'agit là des armes des Rohan-Chabot. La maison de « *Rohan* porte de gueules, à neuf macles d'or rangées trois à trois. — *Chabot* porte d'or, à trois chabots de gueules mis en pal : 2 en chef et 1 en pointe ». (*Indice armorial*, par Louvan Geliot. Paris, 1635.) Le notaire, ignorant les éléments du blason, a pris les macles pour des losanges.

de sallières, aussy d'argent et marquées des mesmes armes, poizant trois marcs et demy.

342. Plus une sallierre, aussy d'argent, sur un ballustre, toutte neufve, marquée des mesmes armes, poizant un marc six onces.

343. Plus une aultre sallière, aussy d'argent, pour mettre trois sortes de sel, marquée des armes de Pons, poizant un marc cinq onces et demys.

344. Plus deux aultres petittes sallierres, aussy d'argent, avecq chascune un couvercle aussy d'argent, poizant un marc.

345. Plus un vinaigrier, aussy d'argent, tout neuf, marqué des mesmes armes, poizant un marc six onces.

346. Plus une boiste à mettre du sucre, toutte neufve, aussy d'argent, marquée des mesmes armes, avecq une petite cuillière, le tout poizant un marc et demy.

347. Plus un grand bassin rond, aussy d'argent et marqué des mesmes armes, poizant dix marcs et demy.

348. Plus deux aultres bassins en auvalle, aussy d'argent, et marqués des mesmes armes, poizant seize marcs trois onces.

349. Plus trois esguières descouvertes, aussy d'argent et marquées des mesmes armes, poizant treize marcs six onces.

350. Plus une aultre esguière couverte, aussy d'argent et marquée des mesmes armes, poizant cinq marcs deux onces.

351. Plus deux grands flacons avecq leurs chesnes, aussy d'argent et marqués des mesmes armes, poizant quinze marcs.

352. Plus deux aultres petiz flacons, aussy d'argent et marqués des mesmes armes, avecq leurs chesnes, poizant sept marcs six onces.

353. Plus une soubz couppe, aussy d'argent et marquée des mesmes armes, poizant trois marcs.

354. Plus deux douzaines de cuillierres neufves, marquées des mesmes armes, aussy d'argent, dont il y en a une douzaine entre les mains de Monsieur l'abbé,

et l'aultre douzaine, quy s'est trouvée en nature, poize trois marcs une once, touttes de mesme grandeur.

355. Plus unze fourchettes, aussy d'argent, à quatre fourches, marquées des mesmes armes, neufves, poizant trois marcs une once; et a ladite dame desclaré y avoir une aultre fourchette de mesme que celles cy dessus, entre les mains dudit seigneur abbé.

356. Plus unze fourchettes d'argent, à trois fourchons, aussy marquées des mesmes armes, poizant deux marcs demy once.

357. Plus deux escuelles couvertes, aussy d'argent, marquées des mesmes armes, poizant six marcs.

358. Plus un grand rechaux tout neuf, aussy d'argent et marqué des mesmes armes, poizant, avecq trois petittes boullettes de bois noircy quy sont au pied, et avecq le manche, aussy de bois noir, cinq marcs deux onces.

359. Plus un aultre petit rechaux, aussy d'argent, quy n'est point marqué, poizant, avecq son manche de bois, un marc.

360. Plus un chauffelit, aussy d'argent, avecq son pied de mesme, marqué des mesmes armes, poizant six marcs une once et demye.

361. Plus un bassin à faire le poil, aussy d'argent, et un coquemar, marqués des mesmes armes, le tout poizant sept marcs.

362. Plus deux grands flambeaux, aussy d'argent et marqués des mesmes armes, poizant cinq marcs.

363. Plus quatre aultres grands flambeaux à six costes, aussy d'argent et marqués des mesmes armes, poizant unze marcs et demy.

364. Plus deux petiz flambeaux, aussy à six costes, estant d'argent et marqués des mesmes armes, poizant un marc six onces.

365. Plus deux aultres petiz flambeaux, aussy d'argent et marqués des mesmes armes, poizant deux marcs une once.

306. Plus deux aultres petiz chandelliers ronds, d'argent et marqués des mesmes armes, poizant trois marcs une once et demye.
307. Plus une tasse aussy d'argent, sans estre marquée, poizant trois onces.
308. Plus des mouchettes, avecq leur portemouchette et sa chesne, aussy d'argent et marquée des mesmes armes, poizant trois marcs.
309. Plus une petitte cassollette, aussy d'argent, marquée des mesmes armes, poizant, avecq son manche de bois, six onces.
370. Et nous a ladite dame desclaré que la croix de diamant dont mention est faite par le testamant mutuel dudit deffunt seigneur comte de Jarnac et d'elle est dans un petit coffre de fert ; compozée ladite croix de six grands diamans et d'une grosse perle en poire ; dans lequel coffre elle a aussy plusieurs bijoux à elle appartenans, desquels elle fera faire un mémoire avecq la dispozion d'yceux, qu'elle signera.
371. Et estant entrés dans les caves quy joignent ladite sommeillerye, avons trouvé dans ycelles grand nombre de vin, avecq des pièces d'eau de vye, lequel vin et eau de vye n'a esté inventorizé spécifiquement, attendu que ladite dame en pourra dispozer et vendre pour subvenir aux affaires de la maizon ; et sy après son deceds il s'y trouve en espèce, le tout sera employé au bas du présant inventaire, comme aussy le reste du vin quy se trouvera dans les aultres celliers, dans lesquels nous nous sommes aussy transportés et où nous n'avons trouvé, oultre le vin quy y est, que les treuils et grands tonneaux, que nous n'avons point inventorizé, pour ne pouvoir sortir desditz celliers sans estre desmontez.
372. Et de là nous nous sommes transportés dans les greniers, dans lesquels avons trouvé nombre de fromant, mesture et avoyne, que nous n'avons point fait mesurer, attendu que ladite dame s'en est réservée la dispozion comme du vin.

373. Et desdits greniers nous nous sommes transportés dans les escuryes dudit chasteau, où nous avons trouvé premièrement : un cheval barbe, de poil gris, de l'âge de cinq ans, avecq sa selle et aultres arnoix.
374. Plus une grande jumant de poil bays brun, servant au carrosse, fort vieille, avecq sa selle et aultres arnoix.
375. Plus une aultre jumant de poil bay, servant à la selle, quy est aussy fort vieille, avec sa selle et arnoix.
376. Plus un petit cheval piot, quy est aveugle, avecq sa selle et arnoix.
377. Plus un grand cheval de carrosse, de poil noir, nommé Trois Pallis (1).
378. Plus deux aultres chevaux de carrosse, noirs, quy sont vieux et tout à fait achevés.
379. Plus trois grandes mulles noires, quy sont aussy fort vieilles.
380. Plus avons trouvé, dans lesdites escuryes, huit arnoix de chevaux de carrosses, fort vieux et uzés.
381. Plus trois colliers avecq leurs garnitures, deux vieilles, et aultres attelages pour les mulles servant aux litières.
382. Plus un bas selle.
383. Plus un bas de change.
384. Et desdites escuryes sommes entrés dans la chambre des cochers, où nous avons trouvé un petit coffre de bois de chesne, fermant en clef, dans lequel il n'y a que les ardes des cochers.
385. Plus une archepipe (2) fermant à clef, pour mettre de l'avoyne.
386. Plus deux meschans chasliz couchettes, sans quenouilles, sur lesquels s'est treuvé deux meschanz liz de pleumes avecq deux traversiers fort vieux et uzés, et deux meschanz matellacs de bourre et deux meschantes couvertes de layne blanche.

---

(1) Du nom de la commune de Trois-Palis, canton d'Hiersac, arrondissement d'Angoulême.
(2) *Archepipe* : arche où l'on met les pipes (mesure) (?).

387. Plus deux chandelliers de..... de cuivre jaulne, l'un d'yceux ayant les verges rompues.
388. Plus une autre archepipe, fermant aussy à clef, pour mettre de l'avoyne.
389. Et desdites escuryes nous nous sommes transportés dans la grange, où nous avons trouvé une barche de foing et une barche de paille, servant pour la nourriture et l'entreténement des chevaux.
390. Et de ladite grange nous nous sommes transportés dans les remizes des carrosses, où nous avons trouvé un grand carrosse complet, tout garny de rudaux et de coissins noirs, avecq une housse noire par le dehors, avecq les armes des Chabot et des lauzanges.
391. Plus un petit carrosse couppé, l'impérialle devant et derrière, garny de velours rouge à fleurs, ensemble les coissins, les doublures du mantellez de derrière et de devant et de l'une des portières, quy estoyent de sarge rouge, ayant esté ostés, le tout estant assez bon, avecq les armes des Chabot, avecq une housse de toille noire.
392. Plus une littière fort vieille et uzée, avecq une housse de toille.
393. Plus un grand charriot, avecq ses rouhes ferrées.
394. Plus un tombereau, aussy avecq ses rouhes ferrées.
395. Plus un aultre charriot ayant les rouhes fort basses.
396. Et desdites remizes des carrosses nous sommes transportés dans la chambre du portier, en laquelle avons treuvé un vieux meschant coffre de bois de chesne, fermant à clef, dans lequel n'y a que les hardes du portier.
397. Plus un meschant chaslit de bois de chesne, fort vieux et antique, sur lequel s'est trouvé un meschant lit de plumes, avecq deux meschans traversins et une meschante couverte de meslinge.
398. Plus une meschante chaize de bois, garnye de toille, fort uzée.
399. Et de ladite chambre nous sommes montés dans la

chambre quy est sur ycelle, où nous avons treuvé une petitte table carrée sur une meschante chaize.

400. Plus un meschant chaslit, sans aulcune garniture, et sur yceulx un meschant lit de ploumes, avecq deux meschans traversiers et une meschante converte de layne blanche, toute deschirée.

401. Et estant retournés dans ledit chasteau et montés dans les galletas d'ycelluy, y avons treuvé neuf fauconnaux.

402. Et comme nous n'avions point entré dans le derrière du grand alcauve, nous y estans transportés, y avons trouvé cinq fuz de fauteuilz faitz en menuzerye et coulonnes torses, sans aulcune garniture.

403. Plus une chaize de mesmes bois et façon, garnye de coëtis.

404. Plus un chaslit, les quenouilles canellées et dorées, avecq ses verges de fert, estant desmonté.

405. Plus deux coissins de carrosses, avecq les goussez de vellours rouge, les rudaux dudit carrosse de damas rouge, et d'aultres rudaux de sarge rouge.

Et à l'esgard des meubles et bestiaux quy sont dans le chasteau et mesterye de Maroualte, ladite dame a desclaré que l'inventaire et prizée en a esté fait et dont les fermiers quy y sont de présant sont chargés, et ainsy il n'est point de besoing d'en faire d'aultre inventaire, non plus que de ceux quy sont dans le chasteau et mesterye de Grézignac, dont le fermier quy y est de présant est aussy chargé.

Comme pareillemant il n'est point besoing de faire inventaire des meubles quy sont dans les chasteaux de Clion et de Sommersac, attendu que les fermiers en sont pareillement chargés.

Et à l'esgard du bestailh quy est dans les mesteryes de Soubran, la prizée en a esté faite avecq les fermiers, dont ilz sont chargés.

Et pour les meubles quy sont dans ledit chasteau de Sousbran, dont les fermiers ne sont point chargés, ladite dame a desclaré qu'ils consistent, premièremant :

406. Une tanture de tapisserye d'Auvergne, contenant neuf pièces, quy est une *verdure* avecq beaucoup de *figures d'animaux* et de maizons.
407. Plus vingt pièces de tapisseryes d'Auvergne, à fonds blanc.
408. Plus un tour de lit de sarge viollette, compozé de trois pantes, quatre cantonnières, garny d'ouvrages, trois rudaux, la courtepointe, le fonds et le dossier avecq des petittes bandes d'ouvrages, les pantes garnyes de belle crespine et le reste de mollet, le tout de soye, fors le fonds quy n'a point de mollet.
409. Plus un tapis de sarge viollette.
410. Plus un pavillon de sarge raze, viollette, avecq un mollet de soye, comme dessous.
411. Plus un tour de lit à housse de sarge rouge, compozé de trois rudaux et quatre cantonnières garnies d'ouvrage, une courtepointe, le dossier, le fonds et un pavillon de sarge rouge, le tout garny de passemant et de mollet de soye et layne verte, avecq un tapis à housse de sarge rouge, avecq de l'ouvrage.
412. Plus un tour de lit tout neuf, de sarge drappée vert brun, compozé de trois rudaux, quatre cantonnières, la courtepointe, le fonds et le dossier, le tout garny de mollet de soye et layne verte.
413. Plus un vieux tour de lit de sarge verte, compozé de trois pantes, trois rudaux, deux bonnes grâces, deux cantonnières, la courtepointe, le fonds et le dossier, le tout garny de frange et de mollet de layne, un pavillon et le tapis de mesmes estoffe et façon.
414. Plus un aultre vieux tour de lit, compozé de trois pantes, trois rudaux, quatre cantonnières, la courtepointe, le fonds et le dossier, le tout garny de passemant et frange de soye et layne, un pavillon et un tapis de mesme.
415. Plus deux vieux tours de lit à housse, compozés de six rudaux, quatre bonnes grâces, deux dossiers et un tapiz, le tout de sarge gris viollant.

416. Plus deux petiz tours de lit, l'un de sarge verte et l'aultre de sarge grize, le tout fort mangé et gasté de vers.
417. Plus un aultre vieux tour de lit à housse de sarge brune, compozé de trois rudaux, quatre cantonnières, le fonds et le dossier, un pavillon et un tapiz de mesme, le tout garny de passemant de soye et layne, fort mangé et gasté de vers.
418. Plus deux tours de liz de sarge jaulne.
419. Plus treze aulnes et un quart de mocadde rouge, vert, incarnat et blanche.
420. Plus un tapiz de mocadde rouge, bleue et jaulne.
421. Plus six aulnes et demye de grosse sarge, d'un viollet mal taint.
422. Plus un vieux tapis vert.
423. Plus quatre grands liz de bonne pleume, dont le coëtis de l'un est tout neuf, avecq leurs traversiers.
424. Plus deux petiz liz de bersières et de bonnes pleumes, avecq leurs traversiers, dont les coëtis sont bons.
425. Plus trois liz de bonne pleume, pour des couchettes.
426. Plus trois grands liz avecq leurs traversiers de pleume quy n'est pas sy bonne.
427. Plus un grand liz de mauvaize pleume, avecq son traversier.
428. Plus sept matellaz de layne.
429. Plus un aultre matellac de layne tout neuf, pour un lit moyen.
430. Plus deux petiz matellaz de layne, pour des bersières.
431. Plus la garniture d'un berceaux et quelques oreilliers.
432. Plus quatre matellaz de bourre, pour des liz moyens.
433. Plus quatre petiz matellaz de bourre.
434. Plus deux grandes couvertes de layne blanche neufve.
435. Plus dix huit couvertes de laynes blanches, assez petittes, les unes fort uzées et les aultres moings, et lesquelles neanlmoings sont gastées et rongées de vers.
436. Plus une meschante couverte de layne.
437. Plus trois meschantes couvertes de meslinge.

438. Plus un meschant tour de lit de droguet, de filles et de layne.
439. Et dans la grande salle il y a trois chasliz neufs, une meschante table et un meschant buffect.
440. Plus, dans la gallerye, une table quy s'alonge et une aultre table ronde.
441. Plus deux tables carrées de bois de nouhier.
442. Plus quatre petittes tables longues et quatre bancs garnis de moquettes.
443. Plus un petit chaslit couchette.
444. Plus, dans la chambre de Madame, un grand chaslit et un aultre petit chaslit de bois de nouhier.
445. Plus, dans l'arrière chambre, un petit chaslit couchette et un petit cabinet, le tout de bois de nouhier, et un behus plat, couvert de cuir, fermé à clef, fort vieux et uzé, et un aultre petit behus rond.
446. Plus, dans la chambre grize, deux grands chasliz de bois de nouhier.
447. Plus, dans la chambre de Madame de Soubran, deux grands chasliz et un aultre petit chaslit couchette et un cabinet, le tout de bois de nouhier.
448. Et dans le cabinet de ladite chambre, un grand coffre de bois de nouhier fermant à clef, un vieux behus, des armoires de bois de nouhier et un cabinet de bois de sape, le tout fermant à clef.
449. Plus douze tableaux de portraiz.
450. Dans l'arrière chambre, deux grands chasliz de bois de nouhier et un cabinet de bois de sape fermant à clef.
451. Plus trois chasliz de bois de nouhier quy estoyent dans la sallette et deux challiz quy estoyent dans la chambre près du grenier.
452. Plus, dans la chambre près du grenier, un meschant chaslit couchette.
453. Plus, dans la chambre de dessoubz, un chaslit de bois de nouhier et un aultre meschant tout rompu.
454. Et dans les coffres quy sont dans ledit chasteau de Soubran, il y a quarante quatre linceux de toille de chanvre et lin, dont il y en a de fort vieux, uzés et rompus.

455. Plus quarante six linceux de grosse toille, dont il y en a aussy de fort uzés et rompus.
456. Plus douze napes de chanvre.
457. Plus huit douzaines de serviettes de chanvre, dont il y en a de fort uzées.
458. Plus huit grosses napes de cuizines et deux aultres napes quy servoyent à la met (1).
459. Plus trois douzaines de serviettes de repassure plus que my uzées.
460. Plus huit petittes napes de repassure fort uzées.
461. Plus quatro grands platz d'estain fin, tout neufz.
462. Plus vingt trois aultres platz de mesme estain, moyens.
463. Plus quatre grandes assiettes creuzes, deux porte assiettes, deux douzaines d'asslottes, deux bassines, deux esguières et une sallière, le tout estain fin.
464. Plus trois paintes et une chopine, un demy quart et une roquille et deux couppes, le tout estain commung.
465. Plus quatre chaudrons, quatre poissonniers et un poislon à trois piedz, et deux aultres petiz et une cuillière à pot, le tout d'airin et fort vieux et uzé.
466. Plus trois marmittes de fert, trois poisles en queue, trois broches et une grisle, le tout de fert.
467. Plus un mortier de marbre et un aultre de fonte.
468. Plus une cuvette de cuivre rouge.
469. Plus six pairs de chesnez, dont il y en a deux pairs garnis de cuivre jaulne et les aultres sont de fert battu.
470. Plus deux pairs de gros landiers de cuizine, de fonte, et une grande pelle de fert.
471. Plus trois petittes pelles de fert pour les chambres, dont il y en a une quy a de petittes pommes de cuivre, et une paire de pinsette de fert quy ont aussy de petittes pommes de cuivre.

Et, attendu la nuit, et que nous avons obmis d'employer au préjant inventaire le bestailh à aumaille quy est dans le

(1) Pétrin.

préjant chasteau, nous nous sommes retirés et remis à y travailler à demain.

Fait ez présance desditz Yvert et Gernereau, d. comme dessus requis.

[Signé :] C. DE LA ROCHEBEAUCOURT. — François CHABOT. — F. RANGEARD. — T. YVER. — F. GERNEREAU. — FILHON, no™ royal hér™.

Et, advenant le vingt huitiesme jour dudit mois de janvier audit an, requérant ladite dame, avons continué à procedder audit inventaire ainsy que s'ensuit.

472. Et nous estans transportés dans l'escurye où est le bestailh d'aumaille, nous avons trouvé dans ycelle dix sept chefz d'animaille, sçavoir : quatorze vaches tant vieilles que jeunes et trois jeunes vaux.

Et ladite dame ayant fait ouverture du cabinet d'esbeyne quy est dans la grande chambre sur la salle, nous avons trouvé dans icelluy premièrement :

473. Une obligation de la somme de cinq mille livres au proffit de deffunt messire Jean de la Roschebeaucour, chevallier, seigneur de Sousbran, père de ladite dame, contre damoizelle Catherine de Gallard de Béarn, passée par M™ Jean Vidaud, no™ royal du bourg de Gaisnes, comme fondé de procuration de ladite damoizelle Catherine de Gallard de Béarn, ladite obligation en datte du douziesme juin 1646, reçue Martin, no™ royal Ang™, au bas de laquelle est ladite procuration, à laquelle obligacion est attaché la condempnation rendue au siège préal d'Ang™ en conséquence de l'adsignation donnée à ladite damoizelle, aussy attachée, en datte des dix sept et vingt uni™ juin et sixi™ juillet 1647, la condempnation signée Dumergue, commis du greffier, de laquelle somme il n'en reste à payer que celle de quatre mille deux cens trante livres, de laquelle ladite dame auroit obtenu condempnation à l'encontre de Franc" Piteau,

marchand de la ville d'Ang^{me}, comme débiteur du seigneur conte de Brassac du vingt sept may dernier, et des interestz de ladite somme despuis ledit jugement, le tout cotté.

474. Plus une autre obligōn de la somme de quatre mille cinq cenz livres au proffit dudit sieur seigneur de Soubran, à l'encontre de messire François de Larochefoucaud, prince de Marcillac, et dame Andrée de Vivonne, son espouze, en datte du vingt uni^e juillet 1640, reçue Coyteux, no^{re} royal, et sa minutte, au bas de laquelle est un advenant du septi^e juin 1641, portant approbōn et ratifficōn de ladite obligōn reçue par ledit Coyteux, à laquelle sont attachées deux condempnūons d'interestz en datte des quatre novembre et segond décembre 1641 et signés Quillet, commis du greffier, le tout cotté.

475. Plus une autre obligōn de la somme de deux mille livres au proffit de ladite dame Comtesse de Jarnac, receue Cladier, no^{re} royal, à l'encontre dudit seigneur abbé de Jarnac, du vingt septi^e aoust 1666, estant en sa minutte cotté.

476. Plus ladite dame a desclaré luy estre deubz, par promesses ou par obligōn, la somme de trois cenz livres par le seigneur abbé de Brassac, par la dame de Chaslut, sa sœur, dont ladite ou promesse ne s'est pas trouvée pour estre brouillée parmi d'aultres papiers, sur laquelle somme elle a desclaré avoir receu celle de trante trois livres.

477. Plus ladite dame a desclaré estre deubs à ses enfans pluzieurs sommes de deniers, en principal et interestz, par le seigneur marquis de Montandre, pour raizon de quoy ladite dame est subrogée au decret de Monguyon quy se poursuit au grand Conseil.

478. Plus ladite dame nous a desclaré estre deubs quelques aultres sommes de deniers dont elle n'est memoratifve.

479. Et a ladite dame desclaré qu'elle et ses dits enfans doibvent pluzieurs sommes de deniers dont elle n'est précizemant memoratifve.

480. Plus le contrat de mariage dudit deffunt seigneur Comte de Jarnac et d'elle, receu Tournour, no" royal à Xaintes, et datté du vingt sept janvier 1648, cotté par...
481. Plus le testamant mutuel dudit deffunt seigneur Comte de Jarnac et d'elle, receu Forest, no" royal, en datte du vingt troisiesme septembre 1605, auquel est attaché le codicille fait par ladite dame, receu mesme no" que les presants, du vingt deux des presants mois et an, le tout cotté par...
482. Et à l'esgard des aultres papiers, tiltres et enseignemans de la maizon ils n'ont esté inventorizés, attendu le grand nombre d'yceux.

Ce fait, nous avons finy, clos et arresté le presant inventaire, et les meubles et effectz contenus en ycelluy sont demeurés es mains et puissance de ladite dame Contesse de Jarnac, ledit jour vingt huit" janvier 1608, en presance de Thoumas Yvert, m° apo", dem' au village du Four de la Chaux, pairoisse de Mainxe, et de François Gernereau, sieur de La Tousche, demeurant à Jarnac, lesquels recquis, quy ont signé avecq ladite dame...

483. Lesquelles choses cy dessus inventorizées, ladite dame nous a desclaré y avoir chez le nommé Boumirou, ticerant, du fil de chanvre pour faire deux douzaines de serviettes et dix ou douze linceulx, et y avoir encores dans le chasteau du fil de lin pour faire dix ou douze napes.

[Signé :] C. DE LA ROCHEBEAUCOURT. — François CHABOT. — F. RANGEARD. — T. YVER. — F. GERNEREAU. — FILHON, no" royal her".

RÉCOLEMENT

Eᵀ, ADVENANT le septiesme jour de may 1608, nous Pierre Filhon, noʳᵉ royal, demeurant en la ville d'Angᵐᵉ, soubsigné, mandé exprès, nous sommes transporté de ladite ville en celle de Jarnac, où estant messire Guy Charles Chabot, chevallier, seigneur abbé de Jarnac, ayant pris lecture du testament de deffunte haulte et puissante dame Catherine de Larochebeaucour, dame contesse de Jarnac, du vingt deuxiesme de janvier dernier, et, icelluy accepté, suivant l'acte estant au bas de cejourdhuy, a, en conséquence de ladite acceptation, et de sa charge de tuteur et curateur honorerre des enfans mineurs de deffunt messire Louis Chabot, chevallier, seigneur comte de Jarnac, et de ladite dame de La Rochebeaucour, sa femme, requis moy dit noʳᵉ de procedder au recollemant et revizion de l'inventaire cy dessus et des aultres partz escript, ayant premier prié et requis messire François Chabot, chevallier, seigneur de Jarnac, son frerre, et mandé mʳᵉ Helies Rangeard et Triel Ranconneau, seneschal et procureur fiscal dudit Jarnac, pour estre presans audit recolleman auquel il a esté, par ledit seigneur abbé, en presance dudit seigneur chevallier son frerre et desdits Rangnand et Ranconneau et de Mᵉ Jacques Pissot, advocat et conseil de la maizon, procedé comme il s'ensuit après avoir fait lepver les sceaux.

Premièremant :

Estant dans la chambre appelée *des Griffons*, en laquelle ladite deffunte dame est deceddée, nous avons trouvé dans ycelle tous les meubles contenus audit inventaire et ainsy verifflé ladite chambre.

..... Et de ladite chambre nous sommes entrés dans la grande chambre sur la salle, en laquelle nous avons trouvé tous les meubles contenus audit inventaire, à l'exception des *six pièces de tapisseryes de sarge noire quy ont esté ostées et de partyes desquelles on a esté fait des habiz pour les serviteurs de la maizon, suivant l'instruction de ladite deffunte dame Contesse de Jarnac,* qu'elle auroit desclaré audit seigneur chevallier de Jarnac et au R. P. Crisologue, Relligieux récollé, son confesseur, quy l'auroit rédigé par escript, lequel escript il auroit signé avecq ledit seigneur chevallier, partant verifflé.

Et de ladite chambre sommes rentrés dans le vestibulle d'ycelle, dans lequel nous avons trouvé tous les meubles contenus audit inventaire, à la reserve de deux nappes de toille de lin quy ont esté tirées de l'un des coffres quy sont dans ledit vestibulle, pour envoyer à Monsieur le Comte, à Pairis, par Monsieur de La Montaigne, et partant verifflé pour le surplus.

Et, advenant le lendemain huitiesme may audit an, avons continué à procedder audit recollement ainsy qu'il s'ensuit.

Et nous estant transportés dans la chambre voultée, où demeure Monsieur l'abbé, nous avons trouvé dans ycelle tous les meubles contenus audit inventaire et partant verifflé.

....

Et dudit cabinet nous nous sommes transportés dans un auultre au dessus de la chapelle, dans lequel nous avons trouvé tous les meubles contenus audit inventaire, à la reserve d'une couverte de mullet neufve quy a esté envoyée à Monsieur le Comte, à Paris, par Monsieur de La Montaigne, et partant verifflé pour le surplus.

....

Et de là nous nous sommes transportés dans la chambre des femmes, où demeure Andrée Gendre, en laquelle se sont trouvés tous les meubles contenus audit inventaire, à la reserve de quatre linceulx de toille de chanvre, deux douzaynes de grosse serviettes quy ont esté retirées des mains de ladite Gendre et envoyées à Monsieur le Comte, à Paris, par Monsieur de La Montaigne, partant verifflé pour le surplus.

..... Et de la cuizine nous sommes transportés dans la sommellerye, où nous avons trouvé tous les meubles et vaisselle d'argent contenus audit inventaire et partant verifflé.

....

Et, advenant le landemain neufviesme jour dudit mois de may, requerrant le seigneur abbé, avons proceddé audit recollement ainsy que s'ensuit.

Ayant desclaré, ledit seigneur abbé, que la croix de diamans dont mention est faite par ledit inventaire quy est dans le coffre de fert, est en sa puissance avecq les bijoux de ladite deffunte dame, pour estre par luy partagés dans le temps et conformément à l'intention de ladite deffunte dame, suivant l'escript signé dudit R. P. Crizologue et dudit seigneur chevallier de Jarnac.

Et nous estant transportez dans les caves et celliers, dans lesquels endroicz s'est trouvé certain nombre de vin et eaux de vye dont inventaire n'a esté fait, attendu qu'on convertit tous les jours du vin blanc en eau de vye et que ledit..... doibt rendre compte dudit vin et eau de vye, lequel compte sera employé au bas dudit inventaire, si besoing est.

Et de là nous nous sommes transportés dans les greniers, dans lesquels s'est trouvé sertain nombre de bleds et grains dont aussy aulcun inventaire n'a esté fait, attendu que ledit..... des Rochers en est pareillemant chargé, et en doibt rendre compte en quallité de m° d'hostel audit chasteau.

Et desdits greniers nous nous sommes transportés dans les escuryes, dans lesquelles ne s'est trouvé que la grande jumant de poil bé servant au carrosse, trois mulles et le cheval piot quy est aveugle; le cheval gris barbe, la jumant de poil bé servant à la selle et le grand cheval de carrosse nommé Trois Pallis ayant esté envoyé à Monsieur le Compte, à Paris, et pour les deux aultres vieux chevaux de carrosses noirs, ils ont esté vendus par ladite deffunte dame despuis ledit inventaire, et quant est des aultres arnois et meubles contenus audit inventaire, ils se sont trouvés en nature et partant verifflé.

Et, desdites granges, nous nous sommes transportés dans les remyzes des carrosses, dans lesquelles nous avons trouvé les chozes contenues audit inventaire et partant verifflé.

..... Et au regard du bestailh d'aumaille quy estoit dans ledit chasteau de Jarnac et compris audit inventaire, il s'est tout trouvé en nature, à la reserve de deux jeunes vaches que ledit seigneur abbé a desclaré avoir vendues la somme de soixante douze livres, et partant verifflé.

Et quant est des obligations et condempnations, contrat de mariage et testamans contenus audit inventaire, ils se sont trouvés dans le cabinet d'esboyne, ainsy qu'il est porté par ledit inventaire, et partant deuement verifflé.

Et au regard du fil que ladite dame deffunte auroit fait adjouster au bas dudit inventaire, quy estoit chés le tixerant, il en a despuis esté fait deux douzaynes de serviettes et dix linceulx, le tout de toille de chanvre.

Ce fait, nous avons clos et aresté ledit recollement, et s'est ledit seigneur abbé vollontairement chargé de tous les meubles et effectz contenus audit inventaire, à l'exception des meubles quy sont au chasteau de Sousbran, dont il fera faire le recollement touttes fois et quantes.

Fait ledit jour et an susdit, audit chasteau de Jarnac, en presance de ladite damoyzelle Sallignac et desdits Gernereau et Labeur, tous cognus et requis, quy ont signé avecq lesdits seigneur abbé et chevallier de Jarnac.

[Signé :] Guy Charles CHABOT. — C. DE LAROCHEBEAU-
COURT. — François CHABOT. — PICHOT. —
H. RANGEARD. — RANCONNEAU. — F. GER-
NEREAU. — LABEUR. — FILHON, no^{re} royal
héréd^{re}.

TESTAMENT

DE

MADAME LA COMTESSE DE JARNAC

Du 22 Janvier 1608.

TESTAMENT.

Mad^{me} de Jarnac.

Fut présant en sa personne haulte et puissante dame *Catherine de La Rochebeaucourt*, vefve de hault et puissant seigneur messire *Louis Chabot*, vivant chevallier, seigneur comte de Jarnac, Marouatte, Grésignac, marquis de Soubran, Clion, Sommessac, Semillac et aultres plasses, conseiller du Roy en son conseil, mareschal de ses camps et armées, demourant en son chasteau de Jarnac, laquelle, dézirant faire son testamant ou codicille, a mandé le n^{re} royal soubzsigné pour le rédiger en la forme cy emprès escript. Premièrement, ell' a recommandé son âme à Dieu et ycelluy prié de la recepvoir après sa mort en son saint paradis, le priant par la mort et passion de Nostre Seigneur Jésus Crist de luy pardonner touttes ses faultes et péchés ; VEULT ET ENTEND, ladite dame, estre enterrée dans l'églize parrossialle de la ville de Jarnac, où est enterré ledit feu seigneur son mary ; se remettant de l'ordre de ses funerailles à l'affection et vollonté de messire *Guy Henry Chabot*, comte de Jarnac, son filz aisné, et pour prier Dieu pour ledit feu seigneur de Jarnac, son mary, et pour elle. Elle a ordonné estre dit et cellebré une messe basse tous les jours, durant un an, à compter du jour de sa mort, dans ladite esglize, pour laquelle sera payé au prestre la somme de six vingt livres; plus sera donné aux pauvres dudit Jarnac la somme de cent livres, plus la somme de douze cent livres aux couvans de la ville d'Angoulesme, Cognac ou aux aultres prestres desdits lieux, à mesme fin de prier Dieu pour ladite dame testatrice et pour ledit feu seigneur son mary, laquelle somme sera distribuée par l'advis et conseil de messieurs *l'abbé et chevallier de Jarnac*, ses beaux frères, lesquels elle prie d'en avoir un soing particulier. Et d'aultant que deffunte dame *Jeanne de Gallard de Béarn*, dame de Soubran, sa mère, lui a tesmoigné auparavant mourir qu'elle avoit intention de fonder dans l'èglize parrossialle de Soubran un service annuel pour prier Dieu pour le sallut de son âme et du feu seigneur de Soubran, son mary, ladite dame testatrice, en cette considération, a fondé et fonde par ces présantes une messe basse pour les mortz chasque vendredy la sepmaine, à perpetuité; et, à cet effect, a légué et lègue au curé et fabrique de ladite esglise parrossiale de Soubran la somme de vingt une livres de rente foncière, adsignée sur le revenu du fief de Montignac, quy fait partye de ladite terre de Soubran, payable ladite somme de quartier en quartier, et sera tenu le curé ou prestre quy dira ladite messe de faire advertir, auparavant la cellébration d'ycelle, ceux quy seront demeurans au chasteau de Soubran, pour y assister, sy bon leur semble; et voullant recognoistre l'amytié et l'assistance que damoyzelle *Catherine de La Rochebeaucourt*, damoyzelle de Sallignac, sa couzine, luy a tesmoignée et rendue despuis le temps qu'elle est auspres d'elle, et luy donner quelque moyen de vivre et s'entretenir selon sa naissance, elle luy a légué et lègue le revenu dudit fief de Montignac en son entier, dont elle jouira par ses mains durant sa vie, à condition de payer ladite somme de vingt une livres de rente foncière ou légat cy dessus mentionné; et neanlmoing poura celluy quy sera seigneur de Soubran descharger ledit fief de Montignac du légat de vingt une livres en le transférant et l'assignant sur un aultre fondz capable de porter annuellement ledit revenu, touttes aultres charges distraictes. Plus, ladite dame, voullant recognoistre et récompenser les petiz services que *Françoise Ducas* luy a rendus despuis qu'elle est à son service, elle luy a légué et lègue la somme de quatre vingt livres pour ayder à la marier ; laquelle somme luy sera payée au temps de son mariage sy elle est majeure, ou auparavant sy elle en poult donner bonne et vallable quittance, et jusques au payemant l'interest à raizon du denier vingt, à commancer du jour du décods de ladite dame testatrice ; et au regard de ses biens aultres que ceux dont oll' a cy dessus dispozé, comme pareillemant de ceux dudit feu seigneur Compte de Jarnac, son mary, en exécutant l'intention d'ycelluy et suivant le pouvoir qu'il luy a donné de faire le partage d'yceux entre l'aisné et les puisnés leurs enfans et filles, aflin de mettre le repos et la paix entreux, et leur oster subject de procès dont les partages en fournissent une très grande matière entre les enfans, après avoir considéré exactement la consistance de tous les biens dont est compozée la succession dudit feu seigneur de Jarnac, son mary, et les charges et debtes d'ycelles, comme pareillemant prins une cognoissance certaine de la valleur des biens, charges et debtes, conféré avecq des personnes intelligentes et capables au fait de la prizée et extimation desdits biens, pour faire touttes choses avecq raizon et justice aultant que luy est possible, et après en avoir plusieurs et diverses fois communiqué à messieurs *l'abbé et le chevallier de Jarnac,* ses beau frères, qu'ell' a toujours recogneu fort affectionnés à la conservation de la maizon, et lesquels elle prie de continuer à l'advenir, elle a, de leurs advis, institué et institue, par ces présantes, ledit messire *Guy Henry Chabot,* son filz aîné, son héritier universel, comme ell' a desjà fait par le testament mutuel dudit feu seigneur de Jarnac et d'elle, receu Fourest, n[re] royal, en datte du 23 septembre 1665, lequel elle confirme et approuve en tant que besoing soit, à la charge et condition de bailler et juger à *Guy-Charles* et *Louis-Augustin,* ses deux enfans masles puisnés, et à chascun d'eux, tant pour leurs légitimes paternelles que maternelles, franchemant et quittemant de touttes sortes de debtes, la somme de quarante deux mille cinq cens livres, payables lhors quils seront parvenous en aage de majorité, laquelle somme leur sera propre et patrimonialle à eux et aux leurs de leur estoq et ligne, et jusques au parfait payemant la rante ou interest leur en sera payé à la fin de chasque année, réglé à la somme de dix sept cents livres par an, quy est sur le pied du denier vingt cinq. Et au regard des damoizelles *Heleyne, Françoize* et *Catherine Chabot*, ses filles et dudit feu seigneur de Jarnac, leur sera payé et à chascune d'elles pour leurs légitimes et des deux successions paternelle et maternelle, la somme de trante sept mille cinq cens livres, payable lhors qu'elles se marieront et auront attaint l'aage de majorité, et jusques à ce leur sera payé annuellemant la somme de quinze cens livres pour l'ynterest de ladite somme, sur le mesme pied du denier vingt cinq. Laquelle somme principalle leur est aussy censée de nature et bien propre à elles et aux leurs de leur estoq et ligne. En touttes lesquelles sommes ladite dame testatrice a institué, en tant que besoing soit, ses ditz enfans puisnés ses héritiers particulliers pour ce que peut estre de leurs légitimes en sa succession, et neanlmoing elle veult et entend qu'il soit en la liberté dudit Guy Henry Chabot, son principal héritier, de leur payer lesdites sommes en deniers ou bonnes et exigibles obligations, ou de leur donner des rentes et du fondz noble de l'une ou de l'autre desdites successions, dont le revenu sera évalué sur le pied du denier vingt cinq commodemant et de proche en proche, à dire de messieurs leurs parens, quy prendront des experz et des personnes d'intelligence et de capacitté pour cela; dézirant, ladite dame, sur toutte choze, que sa vollonté soit entretenue par ses ditz enfans, les priant et exortant tous de voulloir prester leur consantemant aflin de vivre en bonne paix et entretenir union, et de suivre en cela et en touttes aultres choses les conseils de messieurs leurs oncles.

Et, attendu la grande amytié qu'ilz ont tousjours porté à fù Monsieur le Comte de Jarnac, leur frère, et continué après sa mort à elle et à ses ditz enfans, quy sont à présent tous mineurs et quy ont besoing d'un tuteur affectionné à *la conservation de leurs biens, ladite dame testatrice pric* très humblement Monsieur l'abbé de Jarnac de voulloir leur faire l'honneur et la grâce de prendre la charge de leur tuteur honoraire, avecq pouvoir de choisir telle personne qu'il vouldra pour avoir le manyement, conduicte et administration des biens et des affaires desditz enfans, jusques à la majoritté dudit Guy Henry Chabot, auquel directeur ou tuteur honoraire il pourra adsigner tous gages ou pention qu'il jugera à propos ; exortant, ladite dame testatrice, ses ditz enfans de porter audit seigneur et abbé et chevallier de Jarnac, leur oncle, tout l'honneur et le respect quy leur est deubs, tant à cauze de leur quallité qu'à raizon de leur amytié et soing particullier tant envers ladite dame testatrice qu'envers eux, et pour ce qu'il est nécessaire de tenir les maizons de quallité comme est celle de Jarnac, *où les seigneurs font leur principalle demeure,* meublées et garnyes, afin de recepvoir les personnes convenables, et que sy les meubles venoyent à estre vendus par les tuteurs, les fraiz de la vente en seroyent grands et le prix en pourroit estre fort médiocre et beaucoup au dessoubs de leur juste valleur, oultre qu'il fauldroit un jour en achapter d'aultres et faire une despense excessive. Pour touttes ces considérations, ladite dame testatrice a estimé estre plus utile pour le bien dudit *Guy Henri Chabot*, son filz aisné, de laisser les meubles quy sont à présant audit chasteau de Jarnac et ceux des aultres maizons en l'estat qu'ils se trouveront au temps de la mort de laditte dame testatrice que de les faire vendre, desquels touttesfois il en fera faire inventaire en la forme ordinaire, au cas qu'elle ne l'aye pas fait faire auparavant sa mort, voullant, laditte dame testatrice, que, moyennant les sommes par elle cy dessus données à ses enfans puisnés, ilz soyent contans et renoncent auxdittes successions paternelle et maternelle au proffit dudit *Guy Henry Chabot,* leur frère aisné.

Et lecture luy ayant esté faite par moy no^{re} royal soubssigné, de tout ce que dessus, intelligiblement, elle a déclaré sa vollonté et sa dernière intention estre telle, dont en sa requeste je l'ay jugée et condempnée soubs l'obligation et ypothèques de tous et chascuns ses biens présans et futurs.

Fait et passé audit chasteau de Jarnac, après midy, le vingt deuxième janvier 1608, en présence de M⁰ Hélios Rangeard, sénéchal et juge dudit Jarnac, François Gernereau, sieur de La Tousche, et de Luc Lhabeur, sieur des Rochers, en laditte ville de Jarnac, tous cogneus et requis, quy ont signé avecq laditte dame testatrice, et a, ycelle dame testatrice, prié messire François Chabot, chevallier de Jarnac, son beau frère, d'estre présant et assistant audit testament ou codicille et de le soubsigné, ce qu'il luy a accordé.

[Signé :] DE LA ROCHEBEAUCOURT. — François CHABOT. — H. RANGEARD. — GERNEREAU. — LABEUR. — FILHON, noᵣᵉ royal héréditaire.

ACCEPTATION

DE LA

TUTELLE DES ENFANTS DE LA COMTESSE DE JARNAC (1)

LE septiesme du mois de may mil six cens soixante-huit, au chasteau de Jarnac, a esté présant en sa personne messire Guy Charles Chabot, chevallier, seigneur abbé de Jarnac, lequel ayant pris lecture du testament de deffunt messire Louis Chabot, chevallier, seigneur comte de Jarnac, Marouatte, Grezignac, marquis de Sousbran et aultres plasses, receu Fourest, notaire royal, en datte du vingt-trois septembre 1665, et de celluy de deffunte dame Catherine de La Rochebeaucourt, dame comtesse de Jarnac, sa femme, cy-dessus, et des aultres, transcript du vingt deuxiesme janvier

---

(1) « *Louis Chabot*, III° du nom, comte de Jarnac, marquis de Soubran, etc., épousa *Catherine de La Rochebeaucourt*...; ils eurent pour enfans :

« 1° *Guy-Henry Chabot*, comte de Jarnac, qui suit;

« 2° *Henry*, mort jeune ;

« 3° *Guy-Charles*, abbé de Jarnac, doyen de Saintes, etc.;

« 4° *Joseph-Louis-Auguste*, chevalier de Malthe ;

« 5° *Françoise*, mariée à *Charles de La Rochefoucauld*, m^{is} de Surgères;

« 6° *Hélène*, dite Mlle *de Jarnac*, fille d'honneur de Mme la Dauphine, morte sans alliance ;

« 7° *Catherine*, religieuse. »

(Extrait d'une notice généalogique de la maison de Jarnac, écrite de la main de Fr.-Nic. Pineau, ci-devant architecte du comte de Jarnac et de la Généralité de La Rochelle, notice établissant, vers 1794, la légitime possession du château et de la terre de Jarnac par Ch.-Rosalie de Rohan-Chabot, comte de Jarnac. — Papiers de la famille Pineau.)

dernier, ha déclaré, par devant nous notaire et tesmoings, agréer et accepter la charge de tuteur honnoraire des enfans mineurs desdits deffunts seigneur et dame de Jarnac, ses nepveux, et promis travailler avecq soing et affection à l'éduccation de leurs personnes, administration et conduitte de leurs biens, et de choisir par l'advis et conseil de messire François Chabot, chevallier, seigneur de Jarnac, oncle desdits mineurs, aussy bien que ledit seigneur abbé, un ou plusieurs personnes ainsy que le trouveront apvoir pour vacquer aux affaires de la maizon, et les pouvoir de tous sallaires et charges qu'ils jugeront apvoir pour la conservation des biens et droits desdits enfans ; et a ledit seigneur abbé déclaré voulloir procedder en présance dudit seigneur chevallier, son frère, et des officiers du présant lieu, au récollemant de l'inventaire que laditte deffunte dame Contesse de Jarnac a fait faire, quelque temps auparavant mourir, des meubles et effectz de laditte maizon, sans derroger par ledit seigneur abbé aux droitz quy luy peuvent appartenir ; et au passemant du présant acte a esté aussy estably ledit seigneur chevallier de Jarnac quy l'a agréé et consanty en ce quy le concerne, sans préjudice aussy aux droitz qui luy peuvent competter et appartenir.

Fait et passé audit chasteau de Jarnac lesdits jour et an susdits, après midy, en présence de François Gernereau, sieur de La Tousche, et de Luc Labeur, sieur des Rochers, demeurant audit chasteau de Jarnac, tous cognus et requis.

Ledit acte fait par l'advis de Jacques Pichot, advocat ez Parlemant, l'un des conseillers de l'hostel de ville d'Angoulesme, estant de présant audit chasteau de Jarnac, y estant espressemant venu.

[Signé :] Guy Charles CHABOT. — François CHABOT. — PICHOT. — F. GERNEREAU. — FILHON, n^{re} royal héréd^{re}.

TABLE

DES NOMS DE PERSONNES, DE LIEUX

ET DES PRINCIPALES CHOSES CITÉS DANS L' « INVENTAIRE »

DU CHATEAU DE JARNAC (1)

ARCHEPIPE, 385, 388.
ARGENTERIE (V. *Vaisselle d'argent*), 332 à 369.
ARMES, 254 à 258 ; 266, 401.
ARMOIRES, 64, 76.
ARROSOIRS, 271.
ASSIETTES d'argent (V. *Vaisselle d'argent*) ; — d'étain, 463.
AUBES, 235.
BAHUTS, 27, 33, 44, 52, 75, 127, 142, 145, 157, 245, 291, 445.
BÉTAIL, 472.
BIJOUX, 370.
BODEZ (sic), 168.
BRASSAC (DE), 473, 476.
BUFFETS, 51, 189 ; — à l'antique, 279.
CABINETS d'Allemagne, 2 ; — cabinet fort bas, 10 ; — d'ébène, 17 ; 48, 50, 56 ; — d'olivier, 77 ; 262, 263 ; — d'ébène, 472.

CALICE d'argent, 244.
CARREAUX : de damas, 101 ; — à fonds d'argent, 102 ; — de velours, 103, 104.
CARROSSES, 390, 391. (V. *Remise des carrosses*, etc.)
CASSETTE, 97.
CAVES, 371.
CHABOT, 150, 153.
CHAIRES, 13, 19, 68, 84, 170, 183, 214, 232, 261.
CHAISES, 12 ; — garnies de velours, 25 ; — de paille, de bois, 45 ; — d'ébène, 83 ; 206, 212, 253, 292.
CHALIT, 18, 40, 41, 42, 43, 60, 66, 67, 72, 73, 74, 80, 81, 167, 187, 188, 210, 216, 225, 226, 248, 404, *passim*.
CHAMBRES, « des griffons », 1 ; — « du *Pavé* », 209 ; — « de la Cambaudierre », 215 ; — « de la

(1) Cette table sommaire comprend les divisions suivantes de la curiosité : le mobilier, le linge, les tapisseries, l'argenterie, les bijoux, les armes, les équipages, les ustensiles de cuisine et les instruments divers.

petite nicauve », 222; — « de la chapelle », 224; — des valets, 246; — des pers, 247; — « des femmes », 273; — de Madame, 444; — « grise », 446; — de Mme de Soubran, 447.

CHANDELIERS, 98, 366.

CHASLUS (DE), 476.

CHASUBLES, 237, 238, 239, 241, 243.

CHENETS, 14, 21, 46, 61, 85, 105, 140, 207, 293, passim.

CHEVAUX, 373 et suiv.

CISEAUX, 272.

COFFRE : marqueté, 36 ; — de noyer, 53; — d'armoire, 55; 107, 108, 116, 153; — à l'antique, 280; 295, 296; — coffre à étui pour l'argenterie, 332.

COUVERTES, 138, 155, passim.

COUVERTURES de mules, 134.

CROIX (de diamants), 370.

CUISINE, 304; — ustensiles de cuisine, 304 à 322; 465 à 471.

DIAMANTS, 370.

DRAPS, 33; — de toile de Paris, 35, 109, 110, 111; — de Poitou, 112; — de lin, 113, 114, 115, 142, 143; — de velours noir, 242; — de chanvre, 281; — de « repassure » et d'étoupe, 282; — de chanvre, 283; — lin de Poitou, 290; — de chanvre, 294, passim.

ÉCURIES, 373 et suiv.

ÉTAIN (plats d'), 461, etc. (V. Plats.)

FAUTEUILS, 4, 5, 63, 82; — d'ébène, 83; 183, 212, 402.

FOURNEAU, 58.

GARNITURES : de fauteuils, 147; de chaires, 151 ; — de fauteuils, chaises et pliants, 154.

GRAINS, froment, mesture, avoine, 372.

GRENIERS, 372.

GUÉRIDONS d'olivier, 77, 78.

HOUSSES de chaires, 164, 212.

LAROCHEFOUCAULD (DE), 474.

LITS à buffet, 22, 137, 148, 150; fonds de lit, 153; — « pantes de lit », 158; — à berceau, 202; 423; — bersière, 424, 425 et suiv., passim.

LUC LABEUR, 259.

LUXEMBOURG (DE), 150.

MAIE (« Mes », « Met »), 209, 458.

MANURE (mortier de), 318, 467.

MARMITES, 305.

MATELAS, 39, 40, 177, passim.

MIROIRS, 94, 95, 96.

MOCADE, 419, 420.

MONTENDRE (DE), 477.

MULES, 379.

NAPPES, 31, 32, 34, 125, 127, 130, 145; — nappes d'autel, 233, 236; — de chanvre, 284; — de « repassure », 285; — de cuisine, 287; 456, 458.

OBLIGATIONS : de 5,000 ℔, 473; — de 4,000 ℔, 474. — de 2,000 ℔, 475; — de 300 ℔, 476.

PARAVENTS, 186.

PASTIÈRES (sic), 289.

PÉTRIN (V. Maie).

PINTES, 331, 464.

PLATINE, 165.

PLATS : d'argent (V. Vaisselle d'argent); — d'étain, 461, 462.

PORCELAINES, 100.

REMISE DES CARROSSES, 390 à 395.

RIDEAUX, 86, 408. (V. Lits et Tours de lits.)

SATIN, 149, 156, 238, 242.

SERVIETTES : de chanvre, 28; — de lin, 29; — ouvrées, 30; — de beau lin, 116, 117, 118, 119, 120; — de chanvre, 121; — de lin, 122, 123; — damassées, 127, 128, 129; — ouvrées, 130 139; — de chanvre, de « repassure », 286; — de cuisine, 288.

SIÈGES pliants, 6, 19.

SOMMELLERIE, 323.

SOUBRAN (DE), 447.

TABLE : sur colonnes, 1 ; — de bois de sape, 59 ; — d'olivier, 77 ; — de noyer avec filets d'ébène, 78 ; 79, 87 ; — de racine de noyer et filets d'ébène, 215 ; — « qui s'allonge », 440 ; — 441, 442, passim.
TABLEAUX, 449.
TABLETTES, 93.
TAPIS : de Turquie, 92 ; — de table, 133 ; — 152 ; — de Turquie, 182 ; — de velours, 203 ; — de Turquie, 204, 211, 220, 224 ; — de serge, 409 ; — de mocade, 420 ; — 422, passim.
TAPISSERIES : Sybilles, 7 ; — de sarge noire, 20, 26 ; — faites à l'antique, 62 ; — à personnages, 70 ; — à bocage, 89 ; — de haute lisse, 90 ; — à bocage, 91 ; — de satin, 156 ; — brocatelle, 159 ; — à personnages champêtres, 192 ; — verte « avec des chapeaux de cardinal », 193 ; — des Sybilles, 194 ; — des travaux d'Hercule, 195 ; — des Planètes, 196 ; — verdure d'Auvergne, 197 ; — des « femmes à cheval », 198 ; — des personnages champêtres, 199 ; — « de différante façon », 200 ; — à personnages et girafes, 208 ; — de haute lisse, 213 ; — des Sybilles, 217 ; — à feuillage, 220, 227 ; — d'Auvergne : verdure, figures d'animaux et maisons, 406 ; — d'Auvergne, à fond blanc, 407.
TOURS de lit, 100, 145, 146, 160, 161, 162, 163 (V. Lits, 408, 410 à 418.) (1).
TROIS-PALIS, 377.
VAISSELLE D'ARGENT, 332 à 369 : plats, assiettes, salières. — Vinaigrier, 345 ; — boîte à sucre, 346 ; — aiguières, 349, 350 ; — flacons, 351, 352 ; — cuillères, 354 ; — fourchettes, 355, 356 ; — écuelles, 357 ; — réchauds, 358, 359 ; — chauffe-lits, 360 ; — plat à barbe, 361 ; — flambeaux, 362, 363, 364, 365 ; — chandeliers, 366 ; — tasse, 367 ; — mouchettes, 368 ; — cassolette, 369.
VELOURS, 101, 103, 104, 152, 206, 228, 232, 242, 243, 391, 405.
VIVONNE (DE), 474.

(1) Le 6 avril 1688, « JEAN MOTELLET, maître brodeur au service de M. le comte de Jarnac, natif de Saint-Sauveur-Gerouville, en Picardie », épouse Marie Berard, fille de Jean Berard, commis aux Aides. (Besnard, notaire à Jarnac. Arch. dép. de la Charente.) Communiqué par M. Paul de Fleury.)

www.ingramcontent.com/pod-product-compliance
Lightning Source LLC
LaVergne TN
LVHW050650090426
835512LV00007B/1136